그분을
향한
별의 노래

그분을 향한 별의 노래

소희숙 스텔라

함께꿈

자연은
자연스럽게
와서 줄 것 주고
가져갈 것 가져간다.
자연이 자연스러워서 참 좋다.
자연으로 우리에게
오시는 하느님께
찬미와 감사를
드린다.

지식을 훨씬 뛰어넘는 그리스도의 사랑을
알아보게 되기를 빕니다.
에페 3,19

감사와 미소

강우일(전 제주교구장)

스텔라 수녀님이 책을 내는 데 추천사를 써 달라고 한다. 원고를 들여다보니 거의 다 성서 말씀에 대한 묵상이다. 아우구스티누스 성인이 하느님 말씀에 대해 하신 말씀이 떠올랐다. 성인은 하느님 말씀을 깊은 우물에 비유하셨다. 말씀은 우리가 아무리 부지런히 퍼내도 결코 그 깊이가 줄어들지 않는 우물과 같다고 하셨다.

나는 어릴 때 깊은 우물에서 두레박으로 물을 길어 올렸던 기억이 있다. 어떤 사람은 작은 두레박으로 빠른 속도로 자주 퍼내는 사람도 있고, 어떤 사람은 커다란 두레박으로 느리지만, 많이 퍼내는 사람도 있다. 하지만 두레박이 크든 작든, 우물 수위는 변함이 없었다. 아우구스티누스 성인은 비가 별로 오지 않는 북아프리카 지역에 사셨다. 성인은 아무리 햇볕이 뜨겁게 내리쬐고 가물어도 마르지 않는 깊은 우물에서 시원한 생수를 마시며 하느님 말씀의 신비를 느끼셨을 것 같다.

보통 두레박은 둥글거나 아니면 네모난 모양이다. 그런데 스텔라 수녀님 두레박은 좀 특이한 것 같다. 두레박을 만들면서 이왕이면 보기 좋은 작품을 만들고 싶었는지 항아리처럼 주둥이는 좁고 아래로 내려갈수록 넓어졌다가 다시 허리가 잘록하게 좁아지고 또 그 밑은 더 넓어진다. 예쁜 두레박을 만들면서 혼자 흐뭇해하고, 또 그러면서 물은 가득 담고 싶었나 하는 생각이 든다. 스텔라 수녀님은 마치 도예가가 진흙을 주물러 자기만이 아는 아름다움을 빚어내듯, 헝클어지고 지저분한 인간 세상도 주물러서 아름답게 빚어 보려는 사람 같다.

복음을 읽다 보면 사람들이 놓치기 쉬운 부분을 수녀님은 예리하게 들춰보며, 특유의 방법으로 묵상을 이어가는 면이 놀라움을 자아낸다. 물론 수녀님의 어떤 글은 다소 과격한 면이 느껴지기도 하지만, 조금 떨어져서 보면 그 나름 그분이 추구하는 거친 아름다움이 엿보이기도 한다. 수녀님의 묵상 글 안에 하느님과 예수님의 아름다움, 세상의 아름다움, 수녀님 마음의 아름다움과 열정이 느껴진다. 감사와 미소가 번진다.

2020년 10월

제주에서

이 땅에서 그리스도인으로 산다는 것의 의미

정양모(원로사제)

　스텔라 수녀님이 수도생활 중에 무르익은 묵상글을 모아 문집을 펴낸다. 문집의 가장 큰 주제인 예수님의 이모저모를 깊게 들여다보고 나누고자 했다. 이는 당연한 일이다. 그리스도인이라면 예수 그리스도를 알고 닮는 것을 인생지표로 삼을 수밖에 없기 때문이다. 수녀님의 글은 예수님이 세우고자 한 하느님나라, 이 지상에 세워져야 할 하느님나라를 찾아가는 여정이다. 그 여정을 따라가다 보면, 그리스도인으로 살아가는 우리의 모습을 들여다보며, 이 땅에서 그리스도인으로 살아간다는 의미를 되새기게 해 줄 것이다.

여러 글 가운데서 특히 인상 깊었던 두 가지에 내 생각을 보태 추천사를 대신하고자 한다.

「예수는 비폭력주의자인가?」라는 글에서 스텔라 수녀님은 예수님의 반보복률마태 5,38-42을 재이해하고자 노력하고 있다. 사실 그리스도교 역사를 보면 반보복률을 두고서 무저항주의를 주창한 이들이 있는가 하면아시시의 프란치스코, 톨스토이, 구상, 비폭력저항주의를 부르짖은 이들도 있고마하트마 간디, 마틴 루터 킹, 오스카 로메로, 원천폭력에 대항폭력으로 맞선 이들도 있다안중근, 디트리히 본회퍼, 카밀로 토레스.

이 다양한 이해는 무엇을 뜻하는가? 반보복률은 율법 조항이 아니고, 하느님사랑 이웃사랑愛主愛人의 한 가지 표현이라고 이해했다는 것이다. 사랑 때문에 고스란히 폭력을 견딜 수도 있고, 폭력에 말로 저항할 수도 있으며, 마침내 원천폭력에 대항폭력으로 맞설 수도 있다는 것이다.

「부활의 생명으로 살라는 하느님의 절대명령」이라는 글에서 소 수녀님은 예수 부활·우리 부활의 뜻을 되새긴다. 그리스인들은 영혼불멸 신앙을 주창한 데 비해서, 그리스도인들은 예수는 육신으로 이미 부활했으며 장차 종말엔 자기네들도 육신으로 부활하리라고 믿는다. 여기서

육신 부활은 현생체의 소생을 뜻하는 게 아니고, 하느님의 새 창조물이다. 사도 바오로는 이를 이름하여 "영적인 몸"1코린 15,44 또는 "영광스러운 몸"필립 3,21이라고 한다.

이제 나의 죽음과 부활 신앙을 약술코자 한다. 내 몸에 숨이 다하면 내 육신은 흙으로 돌아간다. 그러나 내가 이승을 살면서 이룩한 인품·인격만은 은혜롭게도 하느님께서 거두어 주시리라 믿는다. "육신의 부활을 믿는다" 사도신경는 신조를 나는 "인격의 부활을 믿는다"로 살짝 고쳐 이해한다.

소 수녀님의 글은 자신의 삶과 묵상을 곱씹은 흔적이 엿보인다. 또한 그리스도인으로서 삶에 대한 치열함을 드러내 보여 준다. 수녀님의 글을 읽다 보면 그리스도인으로서 삶에 대한 깊은 영감을 얻을 수 있으리라 생각하며 일독을 권한다.

물려받은 신앙을 새기고 되새기는 모습에 경의를 표한다. 아무쪼록 소 수녀님이 이름값을 다해 별Stella처럼 빛나는 여생을 누리시기를 빈다.

정양모 합장

머리말

'희년'이 선포되었다. 루카복음 4장 18절은 예수께서 공적으로 활동을 시작하면서, 회당에서 처음으로 회중들과 만났을 때 당신의 사명으로 선포하신 중요한 말씀이다. 메시아로서의 구체적 행동강령이다. 예수님의 사명 중 가장 중요한 핵심은 '이 땅 위에 세워지는 하느님나라'다. 그러므로 뒤이어 나오는 19절은 출전선언이다. 바로 '희년의 선포'다. 18절은 희년법의 중요 실천목록이라고 할 수 있다.

예수님의 생애는 이 희년의 선포에 따른 희년법의 실천으로 일관된다. 희년법의 실천으로 이 땅 위에 '사랑과 정의가 강물처럼 흐르는 평화의 하느님나라'가 세워지기 때문이다. 그렇게 옛날 옛적부터 창조주 하느님의 뜻은 이미 정해져 있었다. 아담과 하와가 살았던 에덴동산이 그 표상이다.

불행히도 유대의 역사상 한 번도 희년은 선포되지 않았다고 한다. 이처럼 실제로는 무시되고 잊혀졌던 희년, 그 '희년'이 이 땅에 오신 예수님의 선포로 부활했다. "이 성경 말씀은 오늘 여러분이 듣는 가운데서 이루어졌습니다!" 루카 4,21

예수께서 주님의 은혜로운 해희년를 선포하심은 민중에게 구원의 기쁜소식이다. 우리에게 가까이 다가온 하느님나라는 예수께서 거듭 강조한 이웃사랑으로부터 이 땅 위에 실현되기 시작한다. 이웃사랑의 다른 말이 바로 사회정의 구현이고 사회정의가 실현되어야만 사회적 평등이 이루어지고, 그때에야 비로소 민중이 진정한 평화를 누리게 된다. 이는 백번을 강조해도 부족한 진리다.

오래전 일이다. 서강대학교 철학과 이한조 교수가 수업 첫 시간에 질문했다 "역사상 가장 위대한 인물은 누구라고 생각하는가?" 머릿속에 이 사람 저 사람 떠올렸지만, 교수님의 답은 의외로 탈레스Tales였다. 그 이유는 아무도 질문하지 않던 가장 근본적인 문제에 처음으로 의문을 제기한 인물이기 때문이란다. '지구는 무엇으로 구성되어 있는가?' 물, 불, 흙, 바람의 4원소로 구성되어 있다는 당시의 결론은 뒤로하고, 위대한 질문은 무엇보다도 중요하다는 말씀이었다. 참, 신선했다.

질문을 던지는 것은 이성을 가진 인간의 특성이다. 질문 덕분에 여러 분야의 학문이 발전했다. 나는 질문하면서 사는가? 부족하지만 대체로 그렇다. 나에게 질문은 상상과 명상과 묵상으로 이끈다. 삶의 진정한 의미를 찾고 싶고, 하느님의 뜻을 올바로 알고 싶어서다. 예수께서 말씀하실 때 그 말씀의 참 의미와 더불어 그런 말씀을 하실 때의 예수님 마음을 조금이라도 엿보고 싶어서 질문한다.

무조건적이며 맹목적인 신앙을 가졌던 나! 60여 년을 그렇게 살았다. 그만큼 무지하고도 순박했다. 언젠가부터 자주 예수님께 묻는 습관이 생겼다. 나는 성경 말씀을 제대로 이해하고 있는가? 예수님의 의중을 바르게 파악하는가? 지금 우리 교회의 모습은 예수께서 꿈꾸던 모습인가? 그분께서 지금 우리 교회를 보며 만족하시겠나? 나는 인생을 올바르게 살고 있는가? 이 시대의 풀리지 않는 수많은 문제를 예수님은 어떻게 보고 계실까? 예수님은 하느님나라가 가까이 왔다고 했는데……. 그것이 바로 기쁜소식인데…….

예수님 말씀에 관한 교회의 해석이나 가르침에 조금씩 의문이 생기는 부분도 있었다. 그 의문을 풀기 위해 노력하는 와중에, 같이 나누면 좋겠다는 생각이 들었다. 다른 누군가도 같은 문제로 고민할지 모르니까!

내가 책을 쓰는 목적은 대체로 두 가지다. 첫째, 신앙을 서로 나누며 같은 곳을 바라보는 사람들이 많아지길 바라는 마음이다. 예수님과 나 사이에 있는 수많은 장벽을 걷어치우고 단독자로서 직접 조금 더 가까이 예수님을 만나는 사람들이 많아지길 바란다. 그분을 만나면 참으로 행복하기 때문이다.

두 번째 목적은 나의 수도명과 관계가 있다. 나의 세례명은 아나스타시아이다. 어머니 분다베네딕타는 아이를 가지면 베네딕토 성인의 수제자 두 분의 이름을 주려고 결심했단다. 언니는 성공했다. 플라치다다. 나에게는 마오로로 주려고 했는데 본당 신부가 여식에게 남자 이름이 뭐냐고, 생일에 가까운 아나스타시아로 주었단다. 훗날까지도 어머니는 몹시 아쉬워하셨다.

수도서원하는 날 수도명을 새로 받는다. 한 동료 수녀가 성모님을 상징하는 샛별, 마리 스텔라 Maris Stella로 하란다. 마음에 들었다. 왜냐하면 탄생하신 예수께로 인도하던 별이 생각났기 때문이다. 전교 수녀가 되려고 수녀원에 입회했으니까! 사람들을 예수께로 인도하는 길잡이별이 되어야겠다는 결심을 봉헌하며 선택했다. 그래서 앞의 '바다의'라는 'Maris'도 빼고 그냥 스텔라로 정했다.

그런데 과연 나의 삶이 사람들을 예수님께로 잘 인도했는가? 생각하면 부끄럽기 짝이 없다. 그래서 더더욱 이 책을 쓰기로 결심했다. 아름답게 빛나는 별은 못 되었지만, 이 책을 읽는 불특정 다수 중 예수께로 가려는 누군가의 길잡이, 발걸음을 비추는 조그만 등불이라도 되기를 바라는 마음이 두 번째 목적이다.

예수님을 올바로 알아야 한다. 예수님은 하느님과 그

분의 마음과 뜻, 그리고 하느님나라를 가르쳐 주신 분이기 때문이다. 우리 모두가 사랑과 평화가 가득한 세상에서 살 수 있도록 예수님은 당신의 가르침 그대로 행동하며 모범을 보여 주신 하느님의 아들, 우리의 주님이시다. 그분을 아는 것이 하느님을 아는 것이며 구원의 길이기 때문에 그분을 올바로 알아야 하는 것이 큰 과제다.

책을 쓰며 늘 성령께 지혜를 구하고 예수님의 인도와 도우심을 빌었다. 기도를 들어주셨음을 확신한다. 이 책이 나오기까지 도움을 주신 모든 분께 감사드린다. 특별히 존경하올 정양모 신부님께서 추천의 글을 써주셔서 말할 수 없는 영광이다. "영원한 은사, 정양모 신부님! 감사드립니다." 그리고 이번에도 흔쾌히 추천사를 써주신 강우일 주교님께 깊이 감사드린다. 공사다망한 가운데서도 늘 미소로 맞아 주시는 강 주교님께 은퇴의 선물로 이 책을 드리고 싶다. "영원한 후원자, 강우일 주교님! 감사드립니다."

이 책에서 인용되는 신약의 구절은 존경하는 정양모

신부님이 참여하신 200주년 신약성서 번역위원회에서 번역한 200주년 신약성서주해분도출판사, 2007, 구약은 가톨릭 성경에서 따왔다. 끝으로 인도의 경제학자 아마르티아 센Amartya Sen 박사의 명언을 나눈다.

"완전한 정의를 찾기보다 명백한 불의를 막아라!"

소희숙 스텔라

차례

추천의 글
  감사와 미소_강우일 · 5
  이 땅에서 그리스도인으로 산다는 것의 의미_정양모 · 8

머리말 · 11

프롤로그 : 삶의 좌표, 예수 · 22

1 '지금여기'에 함께하셨던 예수

예수님과 나, 그 질긴 인연 · 33
예수의 발자취를 따라 · 46
좋은 목자, 예수 · 53
하느님나라가 가까이 왔다 · 56
소명에 대한 확신이 주는 열정과 기쁨 · 61

2 예수를 보면 하느님나라가 보인다

예수를 어떻게 봐야 할까? · 73
예수는 왕이었는가? · 76
예수는 비폭력주의자인가? · 79
예수는 경제적으로 가난했는가? · 83
부자는 천국에 들어가기가 어려운가? · 86
황제의 것은 황제에게 하느님 것은 하느님께 돌려라 · 90

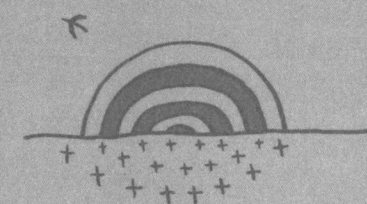

3 예수를 만나 달라진 삶

바르티매오, 눈먼 걸인 · 97

간음하다 들킨 여자 · 102

자캐오와 돌무화과 나무 · 107

포도밭 주인과 일꾼, 하느님나라의 잣대 · 111

성숙한 신앙인 마르타 · 117

백인대장, 또 하나의 착한 사마리아인 · 126

시리아 페니키아 여인, 유머의 위력 · 130

4 그분의 말씀을 곱씹으며……

우리의 사명을 일깨워 주는 주님의 기도 · 137

기도는 쉽다 · 142

길이신 예수 · 148

메시아의 이름, 진리 · 149

누가 독사의 족속인가? · 151

그들은 왜 예수를 죽였을까? · 154

메시아이기에 죽임을 당하신 예수 · 158

부활의 생명으로 살라는 하느님의 절대명령 · 163

티베리아스 호숫가에서 · 166

뒤틀린 걸 다시 뒤틀어보기! · 170

5 아빠, 아버지이신 하느님

찾으라, 만나 주리라 · 179
안식일법, 할례법과 희년법 · 183
안식일은 기쁜 날, 하느님께 바친 귀한 날 · 186
안식년, 모든 것이 재창조되는 축복의 해 · 188
희년과 희년법에서 만나는 하느님 · 190
하느님께서 좋아하시는 단식 · 197

6 하느님나라의 표상, 교회

지상에 세워진 하느님나라, 초대 교회 · 203
교회가 길을 잃지 않으려면 · 207
신앙생활의 길을 밝혀 준 세례자 요한 · 215
나는 너에게, 너는 나에게 · 219
예수 성탄, 고통받는 이들과 함께 · 223
사회교리의 원천이신 주님 · 227

7 그분을 닮는 지름길

회개와 십자가 · 235

나의 구원, 우리의 구원 · 239

영원한 생명은 온전한 은총 · 242

그리스도인의 기쁨 · 245

행동하는 믿음 · 248

청빈과 가난 · 251

봉사, 서로에게 주는 선물 · 255

평화를 생각하며 · 260

평화로운 한반도를 위한 한국천주교회의 역할 · 264

무의식의 강과 영원한 빛 · 270

사제는 무엇으로 사는가? · 275

수도자로서 산다는 의미는? · 281

에필로그: 내 삶이 그분을 향한 노래가 되길 · 286

프롤로그
삶의 좌표, 예수

프란치스코 교종의 권고 『복음의 기쁨』은 이 시대의 귀중한 선물이다. 교종께서 말씀하시는 핵심을 한마디로 요약하면, '예수 그리스도 중심으로 돌아가자!'다. 교회 중심주의에서, 성직주의, 미사성제와 전례중심주의에서, 개인적 기도와 봉사에 머무는 개인주의적 신앙생활에서 예수 중심적 신앙생활로 돌아가자는 외침이며 길잡이다. 예수님을 바로 알면 그리스도인의 삶의 좌표가 뚜렷이 드러난다.

예수 그리스도 중심적 신앙생활은 도대체 어떤 것인가? 답은 단순하다. 예수님과 같은 길을 걷는 것이다. 창조주 하느님은 평화로운 세상, 사랑과 정의가 넘치는 세상을 바라셨다. 성부의 뜻을 실행하러 오신 예수께서도 그분의 외아들로서 아버지와 똑같이 세상의 평화를 바라셨다. 예수께서 하느님께로부터 받은 사명은 '사랑과 정의가 강물처럼 흐르는 평화의 하느님나라'를 우리가 살고 있는 이 세상, 이 땅 위에 세우는 일이다. 그 시작이 희년의 선포이며, 희년법의 실천으로 이 땅 위에 하느님나라의 건설이 가능해진다.

하느님나라는 정의가 실현되어야 하며, 정의가 실현되어야만 사회 구성원 모두가 평등해진다. 하느님의 또 다른 이름은 '우리의 정의'다.예레 23,6 하느님께서 아브라함을 선택하신 목적도 정의와 공정을 이루기 위함이다.창세 18,19 참조 소크라테스는 정의를 "모든 사람을 평등하게 대하는 것"이라고 했다. 내가 성서에서 찾은 사회정의는 '억울함이 없는 상태'다. 사회에 억울함이 없어지려면 평등이 이루어져야 한다.느헤 5,5 참조 평등이 이루어지려면 나눔, 큰 사랑이 필요하다. 본능적인 자기사랑을 넘어 예수께서 목이 쉬도록 강조한 '이웃사랑'이 필요한 것이다. 이웃사랑과 사회정의 구현은 동전의 양면이다. 손의 안

팜이다. 사회정의 구현은 이웃사랑의 다른 이름이다.

예수님은 한 번도 '자기사랑'을 이야기한 적이 없고, 항상 이웃사랑을 강조했다. 그런데 문제는 '이웃'의 개념을 이해하는 데 차이가 있다는 점이다. 나의 이웃과 너의 이웃들이 모인 큰 덩어리를 '사회'라고 하고, 사회는 국가로 확장된다. '사랑'이 개인과 개인 간의 올바른 질서라면 정의는 사회와 사회, 국가와 국가 간의 올바른 질서다. 결국 이웃사랑은 사회정의의 실현이다. 우리가 이웃과 사회를 보지 않고 사랑만 말하는 것은, 입으로는 인류 구원을 말하지만 마음과 행동은 늘 나와 내 가족과 몇몇 주변 사람의 구원에만 머물게 한다.

구약을 보면 하느님께서는 줄곧 사회 공동체의 구원을 바라셨다. 하느님께서 모세에게 주신 명령도 이집트에서 노예살이하는 백성들을 해방시키라는 것이었다. 개인적인 구원에 앞서 공동체의 구원을 바라신 거다. 그러나 유랑민 히브리인들은 가나안에서 국가를 건설하던 초창기부터 하느님의 뜻을 왜곡하기 시작했다. 결국 당시 정치 권력자들이 제 입맛에 맞는 전통과 규율을 만들어서 하느님의 계명을 대체해 버렸다. 그 결과 불의가 생기고 억울하게 고통받는 사람들이 생기며, 사회적 평등이 깨지고 평화가 파괴된 것이다.

예수님은 하느님의 뜻을 채우러 오신 분! 그분은 수백 년에 걸쳐 내려오는 인간들이 만든 사회 전통을 타파하고, 하느님의 뜻과 의지로 채워지는 새로운 사회 건설을 위해 세상에 오신 분이며, 이 사회적 구원의 다른 이름이 평화의 하느님나라다. 구약의 거의 모든 예언자가 '하느님의 공정과 정의, 자비와 사랑'을 이야기했지만, 예수님은 구체적으로 '하느님나라가 가까이 왔다'는 기쁜소식으로 우리에게 현세에서도 '기쁜 미래'가 있다고 선언한 것이다. 따뜻한 위로와 희망을 주는 복음이었고, 용기와 빛을 주는 소식이다. 그 당시 사람들에겐 예수님이 참으로 신선하고도 충격적이었을 것이다.

기원후 70년경 유대전쟁 이후 로마가 예루살렘을 완전히 함락했을 때, 그리스도인들은 주변국으로 뿔뿔이 흩어져서 디아스포라 Diaspora로 살았다. 150년경 다시 유대로 돌아와 교회를 형성하면서 특별히 강조한 것이 '사랑과 자선'이었던 것 같다. 디아스포라로 살 때도 그랬지만, 자국으로 돌아와서도 서로 돕고 의지하며 배려해야 믿음의 공동체가 뿌리내릴 수 있으니까 사랑이 더 강조되었을 것이다. 예수 부활 사건 이후부터 사도들도 사목 서간에 늘 사랑과 희생을 강조했다.

이후 역사가 흐르면서 점점 예수께서 강조하신 '이웃사랑'에서 '이웃'은 퇴색하고, '사랑'에 대한 이론만 무성하게 발전했다. 굳이 차이를 말하자면 '이웃사랑'은 이웃에 방점이 찍혀 있으며 현실적이고 실천적인 사랑인 데 반해, 이웃이 빠진 '사랑'은 감성에 강조점이 있고 보다 이론적이다. '이웃사랑'은 사회정의 구현과 맞물려 있지만, '사랑'은 자선에 맞닿아 있다. '사랑'만을 강조한 결과 이론과 자선이 앞서게 되었다. 정의는 예방책이요, 자선은 치료책이다. 예방이 최선의 치료책이다.

'이웃사랑'이 하느님나라를 이 땅 위에 건설하는 기초적인 수단이지만, 결국에는 '사랑'의 강조가 하느님나라를 점점 뒷전으로 밀쳐내어 죽어서 가는 천국으로 대체되었고 그리스도교는 안타깝게도 내세 중심적 성향이 짙어졌다.

4세기 콘스탄티누스 황제가 공인한 그리스도교가 국

교가 되면서, 개인 구원과 사회적 약자에 대한 자선 중심의 사랑이 더욱 강조된 것 같다. 결국 이렇게 세월이 흐르면서 예수께서 선포하셨던 기쁜소식, '하느님나라가 가까이 왔다'는 그 생생하고 힘이 넘치던 신선한 바람이 잦아들고, 공정과 정의는 뒷전으로 밀리고 사랑과 자선을 행함으로써 죽어서 천국에 가는, 내세의 구원을 강조하는 교회로 굳어져갔다.

이 사회에서 어떻게 사는 것이 예수 그리스도 중심적으로 사는 삶일까? 이 또한 예수 그리스도가 답이다. 그분의 가르침과 언행이 일치된 모습을 조금만 알아도 답이 나온다. 죽음을 눈앞에 두고, 유언적 행동으로 보여주신 '세족례'는 이를 선명하게 보여 준다. 제자들의 발을 씻겨 주고 나서, "내가 여러분에게 본을 보여 준 것은 내가 여러분에게 행한 대로 여러분도 그렇게 행하도록 하려는 것"요한 13,15이라고 하신다. 진리는 단순명료하다. 애매모호함이 없다. 누구도 이해가 안 된다며 비껴갈 수는 없다.

"이 지극히 작은 내 형제들 가운데 하나에게 해 주었

을 때마다 나에게 해 준 것이다."마태 25,40 가정과 나의 이웃을 넘어서라는 강력한 요구다. 지극히 작은 자는 베풀어도 되돌아올 것이 없는 사람, 스스로 설 수 없는 사람, 누군가가 필요한 사람이다. 예수님은 이들을 위해 일하는 모든 것은 바로 예수님을 위해 일한 것이 된다고 말씀하신다. 개인적인 활동뿐만 아니라 사회 정치적인 방법을 동원해 지극히 작은 사람들을 위해 하는 활동은 모두 발 씻어 주는 행위다. 이런 모든 행동은 이 땅 위에 하느님나라를 건설하는 소중한 일이다.

교종께서 부탁하신다. 그리스도인들은 사회부정에 맞서며 가난하고 소외된 이웃을 돌보는 데 앞장서야 한다고. 인간존엄과 형제애, 연대는 모든 사회의 기초가 되어야 한다. "진리를 지키기 위한 일에 참여하지 않고 산다면 사는 것이 아니라 그저 숨만 쉬고 사는 것이다."로마 대학생들과 만남, 2013.11.30. '행동 없는 신앙은 죽은 것'이라는 야고보 사도의 말씀을 넘어, 예수님은 다음 말씀으로 우리의 실천하는 신앙을 행동강령으로 못 박는다. "누가 내 어머니며 누가 내 형제들입니까? …… 하늘에 계신 내 아버지의 뜻을 받들어 행하는 그런 사람이 내 형제요, 자매요,

어머니입니다."마태 12,48.50 "누구든지 나더러 '주님, 주님' 하는 사람마다 하늘나라에 들어가는 것이 아니고 하늘에 계신 내 아버지의 뜻을 행하는 사람이라야 들어갈 것입니다."마태 7,21 사회정의 구현은 나눔을 통한 이웃사랑의 실천이며, 지금 우리가 발을 디디고 사는 이 땅 위에 하느님나라를 건설하는 복음적인 일이다.

1

'지금여기'에 함께하셨던 예수

회개하지 않는 백성을 보며 연민의 정으로 안타까움의 눈물을 흘리시고, 모두가 꺼리는 세리나 창녀를 가까이하신 분. 언변에 권위가 있고 불 같은 성격도 보이고 죽음 앞에서 피땀을 흘리시며 갈등도 하시지만 의연하게 주어진 길을 가시는 분.

예수님과 나, 그 질긴 인연

 배부르다. 내가 언제 이렇게 많이 먹었지? 나도 모르게 70년을 먹었다. 아니, 70년을 훌쩍 더 먹었다. 맛은 그런대로 괜찮았다는 생각이다.
 이왕에 나의 선택권 없이 하느님의 본성과 품위를 지닌 인간으로 태어났으니, 소크라테스의 말대로 '그저 사는 것이 아니라 잘사는 것'이 중요하겠다. 올바르고 아름답게, 그리고 나답게 살아야겠다고 다짐했다. 나답게 산다는 것은, 경우에 따라 바꾸어 쓰는 수많은 가면을 벗어 던지고 생긴 그대로의 나를 받아들이며, 의미 있고 가치 있는 삶을 향하여 사는 것이 아니겠나 싶다. 세월이 많이 필요했다.

돌아보면 나의 삶은 예수님과 떼려야 뗄 수 없는 질긴 인연으로 엮어져 있다. 내가 태어나기 훨씬 전부터 친가 쪽은 종교가 없었지만, 외가 쪽은 모두 신앙이 매우 매우 깊었다.

큰외삼촌이신 김필현 루도비코 신부는 그 옛날 로마에서 수학하시고 평양으로 돌아오셔서 관후리 주교좌성당의 본당 신부로 계셨는데, 한국전쟁 발발 바로 전에 공산당원들에게 납치당했다. 그 당시 성직자들은 모두 그들에게 끌려갔다고 한다. 지금까지 생사는 모르나 틀림없이 치명하셨을 것이다. 그의 여동생인 김안나 데레사 수녀는 당시 원산에 자리 잡았던 우리 베네딕도수녀원에 입회하셨고, 수녀원 전체가 월남해 대구에 정착, 남한에서 열심히 선교활동을 하시다가 본원에서 아름답게 선종하셨다.

이종사촌 오빠인 노경삼 다니엘 신부는 초등학교 4학년 때 선교사로 오신 이탈리아 신부가 일본으로 데려가서 꼰벤뚜알 프란치스코회 수사로 만들었고 나중에 로마에서 신학공부를 하여 비오 12세 교종께 성품성사를 받았다. 그러니까 집안들이 모두 성당을 끼고 살았다고 해도 과언이 아니다. 결혼 전 우리 엄마의 놀이터는 늘 성당이었고, 97세로 돌아가시기 전까지 죽을병에 걸리지 않는 한 성당 주변을 벗어난 적이 없으셨다.

신앙이 깊었던 엄마는 우리 베네딕도수녀원에 입회했었는데, 청원자 때 몸이 극도로 약해지셔서 수녀원을 떠나게 되었다. 병이 치유되면 다시 들어오라고 했다지만 덜컥, 아버지를 만났단다. 결혼 전에 두 분이 약속하기를, 엄마는 아버지가 술 잡수시는 걸 받아들이기로 하고 아버지는 엄마가 성당에 다니는 걸 받아들이기로 하셨단다.

아버지가 만주의 신경에 있는 전기청사한전韓電의 전신의 직원으로 계실 때 전쟁에 대한 사전 정보를 들으셨다고 한다. 임기 마치고 평양으로 돌아왔을 때 아버지가 엄마에게 물었단다. 공산당이 정권을 잡으면 신앙생활을 못 하게 될 텐데 그냥 평양에서 살겠는가, 아니면 월남하겠느냐고. 엄마는 신앙생활을 위해 월남하겠다고 결정했고, 1948년 오빠와 언니, 그리고 내가 2살 때 우리 가족만 월남하여 남산 밑의 해방촌에 정착하게 되었다. 나라가 괜찮아지면 빨리 고향으로 되돌아갈 수 있도록 이북과 가까운 곳에 정착했다고 한다.

1950년 한국전쟁이 일어났고 북한군이 남쪽으로 쳐들어오지 못하게 하려고 우리 국군이 6월 28일 새벽 한강대교를 폭파했다. 아직 피난해야 할 수많은 시민이 강북에 있었는데……. 6월 30일 우리 가족 5명이 아버지의 지인 한 분과 함께 한강을 건널 때의 일이다. 다리는 이미 끊어졌는데 맞은편에 낡은 조그만 배가 매어 있는 것을 보시고 아버지가 수영하여 배를 가져와서 그 작은 배에 어렵사리 6명이 다 탔단다. 아버지는 열심히 노를 젓고, 배에 자꾸 물이 들어와서 아버지의 지인과 7살의 오빠는 죽어라고 고무신으로 물을 펐다. 그렇게 해서 무사히 강 건너에 도착했다고 한다. 오빠는 가끔, "그때 아버지가 노를 젓고 내가 열심히 물을 퍼내서 우리 모두가 산 거야!"라고 가슴을 내밀며 말하곤 했다. 그러면 엄마는 말씀하신다. 아버지가 배를 가지고 와서는 엄마에게, "거 봐요! 내가 평소에 잘 먹어야 한다고 그랬지요?"라고 하셨단다. 으쓱하시는 당당한 아버지가 눈에 선하다. 혼자 한강을 수영해 건너서 배를 가져오시느라고 아버지가 많이 힘드셨겠다.

아버지는 암브로시오다. 엄마가 열심하셔서 성직자와 수도자들을 많이 알고 계셨는데, 누구든 두 분을 함께 만나면 하나같이 아버지의 세례명을 물으셨단다. 그런 일이 자주 있으니까 아버지는 세례받으시기 전인데도 그분들이 묻기 전에 먼저, "저는 암브로시오입니다"라고 말씀하시곤 했다. 엄마는 아버지가 성당에 나오시도록 많이 노력했는데도 끝내 설득하지 못했다. 아버지는 중년 나이에 뇌출혈로 쓰러지셨다. 의식이 없었는데도 본당 신부님께서 엄마의 신앙을 보시고 세례를 주셔서 암브로시오로 세례받고 돌아가셨다. 엄마 뒤에서 성당활동을 많이 후원해 주신 우리 아버지는 비록 전례에는 참석하지 않으셨지만 신앙은 가지고 계셨다는 생각이 든다.

여차여차 피난생활 5년 정도, 부산 국제시장의 큰 창고에서 여러 월남한 가정들과 함께 피난살이했다. 내가 7살 때 서울로 올라와서 다시 해방촌에 자리 잡았다. 내

기억으로 해방촌에는 대부분 월남한 사람들이 살았다. 정치가 안정만 되면 다시 고향으로 돌아가기를 갈망하던 사람들이었다. 어언 70여 년이 흘러 많은 분이 이북 고향이 아닌 하늘나라로 가셨다.

성당은 내 놀이터였다. 오빠와 언니는 성가대, 나는 학생회에서 활동했고 쌍둥이 남동생은 미사 때 같이 복사를 서곤 했다. 성당에는 수녀가 없고 여성 전교회장이 계셨다. 그분이 바쁠 땐 우리 엄마가 대신 교리도 가르치고 환자들 집으로 가서 개인 교리로 가르치시곤 했다. 우리 집에 모여서 교리를 배우게 될 때는 학교 가기 전의 어린 내가 매일 저녁에 드리던 만과경晩課經, 저녁기도이나 성모덕소도문성모호칭기도 같은 걸 외웠기 때문에 그분들이 시키면 줄줄 외우고 박수를 받았던 기억이 난다.

엄마가 교리를 가르치실 때는 월남할 때 가지고 온 『요리강령要理綱領』이란 책을 사용했는데, 그림이 있고 설명이 있는 커다란 책이었다. 내가 중학생이 되었을 때 종종 우리 집에서 교리를 가르치는 경우가 있었다. 예비신자들이 다 모일 때까지 그 그림책으로 내가 설명해 주기도 했다. 어린 게 뭐 알겠느냐만, 엄마한테 들은 것이 많고 성인들에 대해서는 줄줄 꿸 정도로 많이 알았다. 너덜너덜해진 그 책은 몇 년 전에 100년 가까이 된 십자가와 함께 제주도의 용수성당에 있는 김대건 신부 제주표착 기념관에 기증했다.

아버지가 하늘나라로 가신 후 엄마는 우리 일곱을 키우시느라고 고생을 많이 하셨다. 그런 와중에도 매일 미사에 가시고 적어도 1시간은 성서를 보며 개인 기도를 하시고야 집에 오셨다. 나는 엄마가 기도하시는 걸 보며 잠들었고, 깨면 엄마의 기도하시는 모습을 보았다. 옛 어르신들의 신앙은 목숨을 내놓을 정도로 깊다. 우리는 발뒤꿈치도 못 따라간다.

음으로 양으로 엄마의 영향을 받고 자란 나의 삶도 예수님 중심적이었다. 어릴 때부터 교리의 의미도 모르면서 좔좔 외웠고, 예수님이면 '만사 오케이'였다. 예수님이 최고였고 예수님이 내 모든 것이었다. 22살 한창 꽃필 나이의 어느 날 저녁! 구름이 낮게 깔리고 주변이 고요했던 그날, 저녁 미사를 마치고 집으로 돌아오는 언덕

길에서 아주 갑자기, 생각지도 못했던 한 생각이 떠올랐다. '수녀원에 갈까?' 지금 생각해도 엉뚱하다. 그 무엇에 홀렸는지, 정신이 획~ 돌았는지 집에 돌아와서도 그 생각이 떠나지를 않았고, 하룻밤 만에 결정, 엄마한테 말했다. "엄마, 나 수녀원에 갈래." 그래! 수녀가 되자! 전교 수녀! 예수님은 내 성격을 너무나 잘 아셨다. 내 성격 그대로 날 부르셨고, 난 기꺼이 코가 꿰였다. 대구에 있는 베네딕도수녀원에 입회했다.

나는 무조건적이고 맹목적인 그리고 순박한 신앙을 가졌다. 수녀원에 입회하고 나서야 신앙의 참된 의미, 성경 말씀과 예수님에 대해서 깊이 깨달아가기 시작했다. 예비수녀 기간이 4년이었는데 지원기 1년이 지나 청원기 때 결심했다. 전교 수녀가 되면 여러 사람을 만나게 될 텐데, 나는 대학을 못 다녔으니까 앞으로 3년은 예수대학 다니는 것처럼 살자. 남들이 국문과, 수학과나 영문과를 다니면 나는 예수과를 다니는 것이라고 생각하며 성서에 파묻혔다. 그 당시 점심 후 50분 정도 씨에스타siesta 시간이 있었다. 나는 2년 동안 한 번도 쉬지 않고 성서만 읽으며 말씀에 맛들여갔다. 그간의 1년 반 동안 신학원에서의 배움도 컸다.

구약에서 바다 같은 하느님을 만났다. 예전에는 그냥 의미도 모르면서 입으로만 외웠다. 하느님은 전지전능하시고 무시무종하시며 무량하시고 우주만물을 창조하신 분이시며 우리가 죽은 후 심판을 주재하시는 심판자시다. 인자하면서도 무섭고 두려운 하느님으로 인식되었었다. 점점 하느님은 사랑·정의·평화의 아버지, 그분은 자비하시며 축복해 주시고 용서하시며 우리를 기다리시는 아버지, 나를 업어 어두운 골짜기를 건너시는 아버지, 바다같이 크시고 나를 품어 주시는 자애로우신 아버지로 가까이 다가왔다.

한편 구약에는 낯설고 이해하기 어려운 부분도 많았다. 유대인들은 웬 전쟁을 그리도 많이 하는지……. 우리나라의 역사와 겹쳐지며 구약은 하느님을 중심으로 한 유대인의 국사란 생각이 들었다. 나는 그들 국사의 세세한 부분까지는 받아들이고 싶지 않았다. 그들의 전쟁사는 나에게 별 의미가 없다는 뜻이다. 사실 줄을 치지 않은 부분은 나의 의식 안에 있지 않다. 그 의미는 객관적으로는 성서의 획을 변경하는 것이 아니지만, 적어도 주관적으로는 나의 의식 안에서 어떤 내용은 없는 거나 마찬가지다.

신약은 읽을 때마다 새로운 깨달음을 얻으며 예수님의 여러 면을 보게 되었다. 예수 당시는 농사와 목축이 주류인 농경사회였다. 정적인 사회다. 당시 평민들은 노동자이며 동시에 왕을 위한 노예와 같은 가난한 사람들이었다. 그들의 일반적 특징은 얼굴에 표정의 변화가 별로 없다. 가족들과 함께 묵묵히 하루하루 먹고살기 위해 일하고 먹고 자는 삶이 반복되는 나날이다. 그들에게 "하느님나라가 가까이 왔다. 회개하고 복음을 믿으라"고 외치며 나타나신 예수님은 상상을 초월하는 충격이었을 것이다. 그들의 크게 뜬 눈들이 보이는 듯하다. 내 눈도 덩달아 커진다.

회개하라는 말씀은 그저 죄에서 돌아서라는 말씀이 아니었을 것 같다. 하느님을 보라! 땅만 보는 삶에서 위를 보라는 힘 있는 초대였을 것이다. 사람이면 누구에게

나 똑같이 찬란한 삶을 준비하신 하느님, 그 하느님을 보라는 말이다. 희망을 가지라는 외침이다. 가정 환경, 외모, 성격, 능력, 취미 등 각기 다른 우리들이기에 구별은 있으나 차별은 있을 수 없다. 하느님을 '아빠, 아버지'로 모시는 우리 모두는 한 가족인 것이다. 산상수훈은 땅만 보며 살아가는 그들을 껴안는 위로의 말씀이다. 그들에겐 단비와 같은 기쁜소식이다. 우리 각자는 하느님이 사랑하시는 아들, 딸임을 상기시켜 주시는 생명의 말씀이다. 인간들이 만든 전통적 사고의 틀 안에 갇혀 살던 그들을 해방시켜 주는 신선한 복음이었다. 지금 나에게도 복음이다.

성서를 읽으며 가슴이 뭉클하기도 하고, 벅찬 말씀에 잠기기도 하며 가슴에 쏙쏙 들어오는 명언에는 밑줄을 치고 노트에 따로 기록하면서 말씀에 흠뻑 젖었다. 신약에서 만났던 예수님은 멋지다. 사람의 마음을 꿰뚫어 보시며 이웃을 사랑하라 외치고 어린이들을 축복하신다. 회개하지 않는 백성을 보며 연민의 정으로 안타까움의 눈물을 흘리시고, 모두가 꺼리는 세리나 창녀를 가까이 하신 분. 언변에 권위가 있고 불같은 성격도 보이고 죽음 앞에서 피땀을 흘리며 갈등도 하시지만 의연하게 주어진 길을 가시는 분. 평생 존경하며 감사와 사랑을 드릴 수 있는 나의 주님으로 가슴에 못 박았다. 나 주의 것, 주 나의 것!

"수녀님은 왜 결혼 안 했어요?" 서강대학교 교목실에서 일할 때다. 5월 개교 기념 축제 때 여러 명이 잔디밭에 둘러앉아 막걸리를 마시며 수다가 한창 꽃피는데 한 학생이 느닷없이 큰 소리로 물었다. 결혼을 왜 안 했냐고. 연애하다 실패해서 수녀원에 들어간 것 아니냐고. "야! 내가 결혼을 못했겠냐? 예수님 같은 남자를 못 만나서 그렇지. 네가 예수님을 좀 닮아봐라. 내가 지금 당장이라도 너랑 결혼할 수 있어~~!" 한바탕 웃음이 교정으로 퍼져 나갔다.

이렇게 저렇게 예수님과 나의 인연은 질기다. 죽어서도 그분과의 인연은 계속될 것이다. 마지막으로 수련기 때 깨달은 한 가지를 나누고 싶다. 이 깨달음이 길고 긴 내 삶의 밑힘이 되었다. '내가 할 수 없는 일은 없다. 왜냐하면 성령께서 내 안에서 해 주시기 때문에! 반면에 나만 할 수 있는 일도 없다. 왜냐하면 성령께서 너의 안에서도 해 주시기 때문에!'

훗날, 주님께 꼭 듣고 싶은 말씀이 있다. "너는 나의 종, 너에게서 나의 영광이 빛났다."이사 49,3 욕심이 좀 과한가?

예수의 발자취를 따라

 예수님을 아무리 여러 각도에서 조명한다 해도 온전히 표현할 수는 없겠다. 그분의 존재 자체를 완전히 이해하기도 불가능하지만, 그분을 완벽하게 담을 수 있는 언어도 없기 때문이다. 죽은 사람을 살리는 기적을 직접 본 사람들의 느낌을 어떻게 정확히 표현할 수 있겠는가? 그럼에도 예수님에 대해서는 백 사람이 백 가지로 말해도 다 맞을 것이다. 그만큼 크신 분이다.

 예수님을 알 수 있는 근원지인 성서는 그분의 부활 사건 후에 이미 '예수가 하느님'이라는 부활 신앙을 가진 상황에서 예수님을 기술했다. 각색이 많이 되어 있고, 그

포장을 벗기기가 쉽지 않음이 뻔하다. 그 때문에 역사 안에서 우리와 똑같이 생활하신 그분을 올바로 알기도 어렵고 그분 말씀의 의중을 바르게 이해하기도 쉽지 않다.

하느님은 완전자이며 절대 타자다. 한 분이시나 수만 가지 호칭으로 불리는 신은 우리 사유의 대상이 될 수는 있지만, 온전히 알 수는 없는 존재이기에 그분을 닮는 것은 불가능하다. 믿음의 그리스도는 우리 경배 대상인 신이다. 실상 믿음의 그리스도는 예수의 삶에서 맺은 열매이고, 역사의 예수는 그분 삶의 전 과정이며 제자인 우리가 닮아야 할 스승이다. 역사의 예수는 우리와 근본적으로 똑같은 삶을 사셨기 때문에 그분을 어느 정도 닮을 수 있고, 따라서 그분을 올바로 아는 것이 중요하다.

신앙의 목표는 그분을 닮고 그분의 발자취를 따라가서, 궁극적으로는 하느님과 하나가 되는 것이기 때문에 민중과 함께, 세상의 한복판에서 가르치고 활동하셨던 인간 예수에 초점을 맞추어 그분을 생각해 보는 것은 중요하다. 알지 못하면 어떻게 닮고, 닮지 않으면 어떻게 그분과 함께할 미래가 있겠는가? 부활 이전의 인간 예수는 우리 발걸음을 비추는 등불이며 동시에 길이기 때문이다.

예수님을 올바로 알려면 부활을 이야기하기 전에 십자가의 죽음을 말해야 하고, 십자가의 죽음을 이야기하기 전에 먼저 그분이 발바닥이 닳도록 수행했던 하느님께 받은 사명의 실천에 대해 이야기해야 한다. 어떻게 '믿음의 그리스도'가 아닌, '역사의 인간 예수'를 올바로 알 수 있을까?

사람들이 가지고 있는 일반적인 예수님의 이미지는 대동소이할 것 같다. 젊고 건강한 젊은이. 눈이 빛나고 에너지가 넘치는 분. 활기차고 호탕하면서도 지극히 섬세하신 분. 집도 없이 이 마을 저 고을로 돌아다니느라고 얼굴은 지저분하고 옷은 더럽고 냄새나며 발은 흙으로 뒤범벅되어 있는 분. 그러나 미소와 유머와 웃음이 그치지 않는 분. 많이 돌아다니셨기 때문에 보려는 마음만 있으면 누구라도 어디서든지 만날 수 있었던 분. 주변인들에게 낯이 익고 누구에게나 친근하신 분이겠다.

그분은 건장한 분임이 틀림없다. 여러 곳을 돌아다니

셨다. 회당과 산이나 우물가, 지인의 집, 유대의 여러 고을 이곳저곳, 가파르나움, 막달라, 갈릴레아, 베들레헴, 나자렛, 예루살렘 등. 아무리 작은 나라라고 해도 하나의 나라인데, 교통편이라고는 나귀 아니면 몇 날 며칠을 걸어야 한 고을에서 다른 고을로 넘어갈 수 있었을 텐데, 참으로 많이 돌아다니신 분이다. 건강하지 않으면 감당하기 어려울 정도의 활동이다.

예수님의 주변에는 열두 제자와 72인의 제자를 뽑을 수 있을 만큼 사람이 많았다. 남녀노소를 가리지 않고, 특별히 가난한 사람들, 아이들, 고아와 과부들, 어부와 열혈당원, 창녀, 병자들, 귀신 들린 사람들과 세리, 바리사이들, 로마군인, 유대 성전군인 등. 예수님은 아예 사람들을 몰고 다니신 분이다. 그분은 순수하고 맑은 영혼의 소유자로서 필요에 따라 기적을 일으키시고, 죽은 생명도 살리시는 분이다. 지혜가 넘치는 현인이며 시대의 스승이요 교육자이고, 동시에 특별한 권위가 있는 범상치 않은 인물임이 틀림없다.

예수님의 따뜻한 인간미가 뭉클하게 느껴지는 사건도 있다. 사랑하던 라자로가 죽어서 안장된 무덤 앞에서 마음이 산란해진 예수께서는 눈물을 흘리셨다. 함께 따라갔던 유대인들이 말한다. "얼마나 그를 사랑하였는가?" 요한 11,36 또 한 번 예루살렘의 멸망을 예고하며 우신다. 평화를 얻는 길을 보지 않으며 멸망의 길을 가는 유대인들, 그들이 '찾아온 때를 알지 못했기'에 패전의 고통을 겪을 유대인들을 미리 보며 그분이 우셨다. 루카 19,41-44 사랑 때문에 마음이 아파서 우시는 예수님.

반면에 불같은 성격도 엿보인다. 분노하고 도전하며, 독설과 폭언도 마다 않는 싸움꾼의 모습이다. 하느님의 뜻과 가르침뿐 아니라 율법의 정신도 꿰차고 계신 분. 당당하고 거침이 없으며, 기득권자들의 불의를 무섭게 질타하시고 회개를 촉구하며 하느님나라를 이 땅 위에 세우고자 목숨을 내놓은, 사회개혁가를 넘어 혁명가의 모습이 엿보인다. 대단하신 분이다.

또한 그분은 기도하시는 분, 하느님과 수시로 소통하신 분이다. 산으로 가서, 때로는 외딴곳에서 홀로 밤새워 기도하시며 하느님의 뜻을 찾고, 시대를 식별하고, 하느님의 권위로 활동하신 기도자다. 기도 후 그분은 평민들의 삶 한가운데, 문제가 있는 곳, 불의와 아픔이 있는 곳, 가난과 고통이 있는 곳, 질병과 정신적 방황이 있는 곳, 어디에나 계셨다. 예수님은 기도를 행동으로 표현하며 결실을 맺었던 분이다. 그분은 우리를 모른다고, 우리 삶을 모른다고, 우리를 이해하지 못한다고 말 못한다. 우리를 너무나 잘 아시는 분이다.

놀라운 한 가지는 그분이 의학을 공부한 기록은 전혀 없는데 수많은 병자들을 고쳐 주신 분이라는 점이다. 눈먼 사람, 앉은뱅이, 벙어리, 열병환자, 중풍환자, 하혈하는 여인 등 찾아오는 수많은 병자를 치유해 주셨다. 더불어 마귀 들린 사람들에게서 하느님의 능력으로 마귀를 쫓아 내시며 그 고통의 사슬에서 해방시키셨다. 하느님의 능력과 우주생명의 에너지가 충만한 분임을 고백하지 않을 수 없다.

예수님은 하느님 사랑과 사람 사랑을 같은 비중으로 여기셨다. 가난한 사람들의 고통을 보며 그들과 같은 고통을 느끼신 분. 감옥에 갇힌 사람들이 당하는 고통들, 인간 이하의 취급을 받는 사람들의 고통을 함께 느끼신 분이다. 병자들의 고통을 안타까워하시며 소경, 움직이지 못하는 사람 등 장애인들의 아픔에 함께하시고 고아와 과부들이 법에 억눌려 소리 없는 폭력을 당하는 상황에 함께하신 분이다. 직업상 사회적 죄인들인 세리, 목동, 창녀들이 당하는 고통을 보며 사랑과 연민, 자비심으로 함께하신 분이다. 고마운 분이다.

예수님의 생애에서 가장 크게 부각되는 면은 무엇보다도 하느님을 향한 무한한 신뢰다. 아버지 앞에 아기다. 하느님을 아빠라고 부르는 아기의 순수함이 보인다. 하느님을 향한 무한 신뢰는 받은 바 사명 완수의 밑거름이었겠다. 또 하나는 인간에 대한 끝 모를 사랑과 연민이다. 그분에게서 애가 끊어지는 측은지심을 볼 수 있다. 과부인 어머니를 위해 죽은 아들도 살리시는 그분은 특별히 가난한 사람들을 편애하신 분이며, 가장 보잘것없는 사람을 당신 자신으로 여기실 정도로 사회적 약자에 대한 사랑과 배려는 끝이 없는 분이다. 역사의 인간 예수, 그는 2,000년 전에 살다가 죽은 수많은 사람 중 한 사람이 아니라, 세상 끝날까지 지금도 우리와 함께 계시는 임마누엘이시다.

좋은 목자, 예수
에제 34장; 요한 10,1-18

예수님은 태어날 때부터 부모님을 애먹인 분이다. 만삭이 된 마리아와 요셉이 호적을 등록하려고 자기 고향 베들레헴을 찾아 나섰는데, 당시 마땅한 잠자리가 없어서 목동들이 거처하는 마구간에서 묵다가 예수님을 낳으셨다. 두 분께서 참 황당하셨겠다. 태어날 때도 열악한 마구간에서 태어나시더니, 돌아가실 때도 그 많은 종류의 죽음 중에서 하필이면 십자가의 극형을 받고, 어머니보다 먼저 가신 불효자다. 그런데도 이 사형수 때문에 죽고 못 사는 사람이 수억이다. 그분의 탄생을 기리는 날엔 2,000년이 지난 오늘날에도 온 세계가 기쁨으로 폭발한다. 무엇 때문일까? 예수가 어떤 분이시기에 그렇게도 많은 사람이 그분을 주님으로 믿으며 올바르게 살려고 노력하는 것일까?

그분이 좋은 목자, 참된 목자이기 때문이겠다. 에제키엘 34장을 보면 하느님은 당신이 뽑아 세운 당시 기존의 목자들에 대해서 실망을 넘어 분노하신다. 그래서 결심하신다. 당신이 직접 양떼를 돌보리라고, 양떼를 모아 이 산 저 산으로 이끌며 시냇가로 인도하고, 좋은 목장을 찾아다니며 기름진 풀을 뜯게 하고, 헤매는 것은 찾아내고, 길 잃은 것은 도로 데려오고, 상처 입은 것은 싸매 주고, 아픈 것은 쉬게 하고, 기름지고 튼튼한 것은 지켜 주겠다고. 목자의 구실을 다하리라고, 하느님이 직접 양들의 좋은 목자가 되어 주시겠다고 약속하신다.

하느님께서 선택하여 우리에게 보내 주신 예수님은 양들을 위한 참된 목자이시다. 예수께서 양들을 알기를 성부께서 성자를 아시고 아들이 아버지를 알듯 아시며, 그 양들을 위해 스스로 생명을 내어놓는 살신성인의 길을 걸어가신 좋은 목자이시다. 예수님은 돈 받고 양들을 돌보는 삯꾼과는 달리 양들의 참된 목자다. 양떼에는 관심조차 없던 당시의 종교 지도자들과 크게 대비된다.

하느님나라가 가까이 왔다
마르 1,15

 예수께서 이 세상에 오시어 처음으로 외친 선언은 단호하다. "때가 차서 하느님의 나라가 다가왔습니다. 여러분은 회개하고 복음을 믿으시오."마르 1,15 가슴을 때리고 전 존재를 흔드는 충격적인 외침이다. 파스카 성삼일, 특히 부활이 그리스도교의 핵심 교리라고 배웠다. 이를 받아들이면서도 나는 개인적으로 예수님의 모든 가르침의 핵심은 '하느님나라'라고 생각한다. 십자가도, 사랑과 정의도, 평화와 자유도 다~ 하느님나라의 속성일 뿐이다. 부활도 예수님이 메시아임을 하느님께서 증명해 주신 사건일 뿐, 나에게 그리스도교의 핵심은 한마디로 '하느님나라'다.

예수님의 해방운동 목표는 지금, 우리가 발을 디디고 살고 있고 이 땅 위에 '사랑과 정의가 강물처럼 흐르는 평화의 하느님나라'를 세워서 모든 사람이 기쁨과 행복한 삶을 살 수 있게 하는 것이다. 이것이 구원이다. 그분의 목표는 모든 이가 죽음 후에 부활의 생명으로 사는 것이 아니라, 지금여기 사랑과 정의가 넘치는 평등한 사회에서 우리 모두가 부활의 생명으로 평화롭게 자유를 누리며 구원된 삶을 살게 하는 것이다. 갈라 5,1 이 해방운동은 종교적이며 동시에 사회, 정치경제적이며 구약의 파스카 해방과 같은 선상에 있다.

하느님은 사랑과 정의, 평등, 평화와 자유를 누리며 살아야 할 민중이 고통의 질곡에서 허우적거리는 것을 더는 참지 않으시고 예수님을 이 땅에 보내셨다. 예수님은 민중을, 개인적으로는 온갖 질병에서, 마귀의 시달림에서, 죄와 악의 고통으로부터, 사회적 고립에서, 고통스러운 자기 처지에 대한 숙명론적 체념으로부터, 가난이라는 악으로부터 해방 liberation 시키셨다.

그분은 사회적으로는 신분이나 직업, 살아가는 지역에 대한 불평등한 제도적, 구조적 불의로부터, 정치적으로나 종교적으로 기득권자들의 온갖 불의로부터, 삶의 총체적 고통으로부터 민중을 해방시키는 해방자이시다. 자비와 연민의 정으로, 치유와 용서함으로써, 불의에 맞서고 정의를 실천함으로써 해방시키셨다. 실상 이 해방운동은 하느님께 받은 예수 자신의 소명이자 사명이었다.

예수님은 당신 자신이 소유욕과 지배욕에서 벗어나, 가난한 자로서 온전한 자유인이었다. 그분은 당신의 자유로 우리를 자유롭게 하신다. '머리 기댈 곳조차 없는' 가난한 자로서 스스로 남을 섬기는 종이 되어 모든 인간을 해방시키신다. 예수님은 개인적 구원뿐 아니라 사회적 구원을 이루기 위해 사회의 모든 비인간적인 구조적, 제도적 악에 도전하셨다.

예수님은 형식적 전통인 정결예식이나 불결제도와 차별적 규정을 무시하고 귀족계층의 착취에 거세게 항의도 하고, 질병은 치유로써, 죄와 잘못은 용서로써 민중을 해방시키신다. 율법의 억압적인 구속으로부터, 사탄의 공포로부터, 불치병자, 장애인들을 사회적 고립으로부터 자유롭게 하신다. 이 진정한 자유가 바로 예수께서 선포하신 새로운 사회, 하느님나라의 가치다. 사도 바오로도 그리스도께서 우리를 자유롭게 해방시키셨다고 선언한다.

죄의 노예, 삶의 질곡에서 해방되어 자유의 몸이 된 사람은 모두 그리스도 예수 안에 하나 되어 '하느님을 아빠, 아버지'라고 부르는 그분의 자녀, 상속자가 된다. 이 자유는 서로 사랑으로 남을 섬기는 자유이며, 자신을 버리고 십자가를 지고 복음을 위해 목숨을 바치는 자유다. 예수님을 스승으로 모시고 예수께서 주신 사명을 완성하고자 남을 섬기는 사람은 그분과 같은 십자가를 지며, 죽으면 그분과 같이 부활하여 자신의 생명을 잃음으로써 영원한 생명을 얻게 되는 사람이다. "불멸의 월계관"1코린 9,25을 얻는 사람들이다.

영원한 생명에 들어가는 일은 하느님께서 결정하실 일이다. 우리가 지금 이 땅에서 해야 할 일은 평화의 하느님나라에서 살기 위해 먼저 그 나라를 건설하는 일꾼이 되어야 하는 것이다. 예수님같이! 나와 이웃과 미래의 후손들을 위해, 이웃을 내 몸같이 사랑하는 마음으로 기꺼이 일꾼이 되는 일이다. 십자가를 지는 것도 십자가 안에 이미 부활의 기쁨과 자유가 있기 때문에 예수님의 제자로서 기쁘게 짊어진다. 해방자 예수님을 닮기 위해!

소명에 대한 확신이 주는 열정과 기쁨

루카 24,19; 13,33

　예수님은 사람 마음의 움직임과 욕구는 물론 인간사까지 꿰뚫고 계신다. 하느님 아버지와 율법의 정신을 훤히 꿰차고, 바리사이와 율법학자들과 논쟁이 붙어도 한 치의 물러남 없이 그들을 부끄럽게 만드신다. 탁월한 논객이시고 비유의 천재이시다. 한마디로 지혜가 그분의 것이다. 다른 한편 사회적 약자에 대한 배려는 지극정성이다. 그분의 사랑과 연민은 만나는 사람들의 가슴에 절절히 스며든다. 예수님은 하느님의 뜻이고 하느님의 마음이다.

예수의 소명의식과 사명은 뚜렷하다. 하느님의 부르심에 대한 확신을 갖고 사람들을 향해 외친다. 하느님나라가 가까이 왔음을 선포하며 "회개하고 복음을 믿으라"마르 1,15고 촉구하신다. 예수의 가장 중요하고 위대한 사명은 '주님의 은혜로운 해희년, 성년를 선포'하는 것이다. "가난한 이들에게 복음을 전하고 포로들에게는 해방을, 소경들에게는 눈뜰 것을 선포하며 억눌린 이들을 풀어 보내는 것"루카 4,18들은 희년에 일어나는 일들이다. 희년법처럼 모든 사람을 살리는 위대한 사회법은 세상 어디에도 없다.

역사의 예수는 어떤 분이신가? 복음사가 루카는 한마디로 요약했다. 예수께서 십자가에서 돌아가신 후, 엠마오로 되돌아가던 제자들이 부활하신 예수님을 만났다. 그분이 그들에게 무슨 일이냐고 물었다. 제자들은 "나자렛 사람 예수의 일입니다. 그분은 하느님과 모든 백성 앞에서 행동과 말씀에 힘이 넘친 예언자였습니다"루카 24,19라고 답한다. 명쾌한 대답이다. 누구도 예수님을 이보다 더 잘 표현할 수는 없겠다. 예수는 첫째 행동하시는 분이며, 둘째 말씀하시는 분이고, 셋째 힘이 넘치시는 분이며, 넷째 예언자이시다.

첫째, 그분은 행동하는 분이시다.

성서에서는 그분의 행동이 먼저 소개되고 가르침이 뒤따른다. 공생활 시작부터 성직자 중심의 기득권자들이 만든 전통과 법규들에 행동으로 도전하신다. 세리나 죄인들과 함께 식사하고, 나환자를 만지며, 전통적으로 하느님만이 갖고 있다고 생각하던 죄 사하는 권한을 거침없이 행사하시고, 제관들만 먹는 제사 빵을 먹는가 하면, 선한 일을 위해서는 안식일도 망설임 없이 깨며, 사람을 위해 존재하는 안식일의 본래의 정신을 일깨운다. 그분의 행보는 거침없다.

그분은 여론의 압력에 개의치 않고, 기존 권위의 폭력에 굴하지 않으며, 강박적 율법주의를 깨고, 형식적 전례 전통도 무시하신다. 나환자에 대한 불결제도를 무시하고, 차별적 규정을 깨시며, 사탄의 공포로부터, 불치병자와 장애인들을 사회적 고립으로부터 자유롭게 하신다. 사회와 국가의 제도적 불의를 빛 가운데로 밝혀내 오고,

하느님과 종교를 독점했던 사제와 귀족계층의 위선과 착취를 질타하시며, 그들의 부정부패에 폭력적 항의도 불사하신다. 이미 목숨을 내놓고 행동하시는 분이시다.

둘째, 그분은 말씀하시는 분이시다.

그분은 스승이다. 가시는 곳마다 모이는 군중에게 하늘의 가르침을 주신다. 성부께로부터 들은 말씀을 모든 백성에게 전하는 것이 그분의 사명이다. 하느님나라의 기쁜소식을 전하시느라고 식사할 시간조차 없을 정도였다. 가까이 다가온 하느님나라를 이 땅 위에 세우시기 위해 말과 구체적 행동으로 가르치신다. 목숨을 담보로 한 그분의 가르침들은 몸과 마음이 가난한 사람들에겐 큰 위로와 희망을 주는 기쁜소식이다.

셋째, 힘이 넘치는 분이시다.

예수의 넘치는 힘은 소명과 사명의 확신에서 뿜어져 나오는 생명 에너지다. 하느님의 힘이다. 그분에게서 나오는 말씀은 명료하고 거침없으며 듣는 사람들을 변화시키는 힘이 있다. 말씀으로 사탄과 그의 유혹을 물리치고,

말씀으로 기적을 일으키시어 물을 술로 변화시키고, 성난 파도를 잠재우며, 눈먼 이를 고치시고, 중풍병자나 앉은뱅이를 일으켜 세우시며, 죽은 사람도 생명으로 일으키신다. 지금까지 누구에게서도 볼 수 없었던 놀라운 힘이다. 말씀이 그대로 현실이 된다. 보이지 않는 하느님의 보이는 힘이다. 예수 안에서 하느님의 힘이 넘쳐난다.

넷째, 그분은 예언자이시다.

예언자는 하느님께서 직접 선택하시어 당신 말씀을 맡긴 하느님의 사람이다. 그들은 하느님의 지혜로 시대의 징표를 식별한 후, 하느님의 뜻과 그분의 공정과 정의, 사랑과 자비를 선포하고, 부정과 불의를 고발하며 회개를 촉구하고, 하느님의 대리자로서 하느님의 보이는 표징이었다. 사람들이 걸어가야 할 길을 존재로서 비추는 등불이었다. 예수는 예언자다.

군중도 그분을 예언자로 인식했고 예수께서도 자신을 예언자로 말씀하셨다. 나자렛 회당에서 사람들에게 지혜로운 가르침을 주어도 고향 사람들이 예수를 배척했을 때, 예수님은 그들의 불신 때문에 많은 기적을 행하지 않으시며 말씀하셨다. "예언자는 어디서도 모욕을 당하지 않는데 다만 자기 고향과 자기 집안에서는 그렇지 않습니다." 마태 13,57 또한 헤로데왕이 죽이려는 것을 알면서도 예수님은 한결같다. "내 길을 가야만 한다. 예언자가 예루살렘 밖에서 죽을 수는 없기 때문이다." 루카 13,33

예수는 예언자로서 구약 예언자들의 전통을 이어받아 하느님께서 주신 사명 수행에 혼신의 힘을 쏟은 분이다. 하느님과 백성 간의 새로운 계약신약을 중재하며, 하느님나라를 존재로서 가르치고 증명하셨다.

지금여기, 이 땅 위에 세워져야 할 평화의 하느님나라 건설은 정의로운 사회, 새로운 사회 창조이며 하느님의 구원사업이다. 하느님의 창조 질서와 뜻에 어긋나면서도 천년에 걸쳐 내려오는 사회적 가치와 풍습에 젖어 있던 전통사회는 하느님께서 버리셨다. 사실 평화의 하느님나라를 건설하는 것은 거의 불가능할 정도로 어렵다. 그 어려움을 예수님도 알았다. 그러나 그분은 뒤로 물러서지 않고 결연히 앞으로 나가셨다. 불을 지르고 분열을 일으키러 왔다는 예수의 비장함에서 굳어질 대로 굳어진 백성들의 숙명론과 기득권자들의 거센 저항을 미루어 알 수 있다.

예수님은 아버지의 뜻을 이루는 방법도 이미 알고 계셨다. 그분은 공생활 초기부터 선언하신다. "아무도 새 포도주를 헌 가죽부대에 넣지 않습니다. 그렇게 하면 포도주가 그 가죽부대를 터뜨려 포도주도 가죽부대도 못쓰게 됩니다. 그러므로 새 포도주는 새 가죽부대에 넣는 법입니다." 마르 2,21-22

이 말씀은 예수를 이해하는 데 매우 중요하다. 새 포도주의 의미는 무엇일까? 새 포도주는 하느님께서 태초부터 품고 계셨던 뜻과 계획이며, 사랑, 정의, 평등, 평화, 행복 같은 하느님나라의 가치다. 헌 가죽부대는 하느님의 계획과 가치가 이미 왜곡되어, 기득권자들이 만든 법, 제도와 전통이 사회 전역에 불의와 부정부패를 낳고 있는 썩은 기존 사회를 뜻한다. 새 포도주를 넣을 새 가죽부대는 하늘에서와 같이 땅에서도 이루어져야 할 하느님나라가 건설되는 터전, 새로운 사회이리라. 하느님나라의 가치를 담아 안은 교회제도와 사회제도가 정착되어야 할 새로운 사회다. 예수님의 이 선언은 기존 사회에 대한 명확한 선전포고다.

새 포도주를 담을 새 가죽부대가 필요하다. 새 가죽부대를 만드시는 예수! 기득권자들이 오죽하면 예수를 제거했겠는가? 그들은 예수를 올바로 보았다. 그는 기존 사회의 전복을 시도하는 위험인물로서 사회개혁가요, 혁명가다. 새 가죽부대를 만들고자 했던 예수의 사명과 의지는 사회 구원을 위한 사회혁명이다. 그렇다. 예수께는 '하느님나라'라는 목표가 확실했고, 그 목적을 달성하기 위한 길도 명확했다.

이렇게 보면 예수 가르침의 핵심은 이 지상에서 희년법이 지켜지는 '하느님나라'다. 예수는 그 길이 멀고, 험하고, 죽음이 온다 해도 '오늘도 내일도 그다음 날도 가야만 했던 길'이다. 그분은 하늘과 땅의 경계인, 생명과 죽음의 경계선에서 늘 줄타기와 같은 삶을 사신 예언자시다.

옛날이나 지금이나 인간의 삶은 대동소이하다. 그 옛

날 예수께서 질타하셨던 썩은 사회의 모습이 현대 우리 사회의 모습임을 인정하지 않을 수 없다. 예수께서 가신 그 길은, 그분의 제자인 우리들이 마땅히 걸어가야 할 길이요, 제자들의 사명도 스승의 사명과 마찬가지다.마태 10,7 이 시대의 예언직을 부여받은 그리스도인들은 현재 살아가는 이 땅 위에 '하느님나라'를 건설해야 할 책임이 있다.

2

예수를 보면 하느님나라가 보인다

예수의 사명은 죽어야 들어가는 하느님나라를 말씀하신 것이 아니라, 사람이 살아가는 이 땅에 세워져야 하는 평화의 하느님나라를 건설하는 것이었다. 하느님나라를 이 땅 위에 건설하는 것이 그분 삶의 전부요, 하느님이 그분을 부활시키심으로써 인증한 진리다.

예수를 어떻게 봐야 할까?

　예수께 대한 이미지와 예수의 말씀에 대한 전통적 해석에 대해 몇 가지 뒤집어 생각해 본다. 왜냐하면 때로 이해하기 어려운 교회의 결정을 올바로 이해하기 위해서다. 교회가 어떻게 안중근 의사에게 고해성사 요청을 거부할 수 있었을까? 이해하기가 어렵다. 이북에 가족들을 두고 월남한 신자들의 재혼을 어떻게 그렇게 오랫동안 교회법으로 막을 수 있었을까? 교회법이 오히려 신앙생활을 포기하도록 종용한 것은 아닐까? 그리스도교가 왜 아편이라는 말을 들었을까? 그리스도교를 국교로 하는 대부분 서구 유럽에서 예수를 잘못 이해해서 역사에 큰 오점을 남긴 사건들도 많다. 예를 들면 중세의 마녀사냥, 신의 이름으로 일으킨 종교전쟁과 그 폐해들, 과학에 대한 무지에서 나온 확신이 신조가 되어 신자들을 교육한 점, 미래지향적으로 천국을 바라보며 왕정 시대에 현세의 불의한 권력에 순응을 강요했던 교리들…….

유대교는 현실 중심적인 종교이며 현세의 부귀다남을 하느님의 축복이라고 믿었다. 사두가이파에게 내세란 없다. 당연히 부활도 믿지 않는다. 현세와 미래는 하나의 유기체적 관계로 떼려야 뗄 수 없다. 예수는 미래를 향해 가는 현실을 중시하셨다. 이 점이 간과되어서는 안 된다. 예수는 인간이 현세에서 어떻게 개인적 구원의 삶을 살아가면서 동시에 사회적 구원을 이루는 삶을 살아갈 수 있는지를 가르침과 행동으로 보여 주셨다.

예수의 사명은 죽어야 들어가는 하느님나라를 말씀하신 것이 아니라, 사람이 살아가는 이 땅에 세워져야 하는 평화의 하느님나라를 건설하는 것이었다. 하느님나라를 이 땅 위에 건설하는 것이 그분 삶의 전부요, 하느님이 그분을 부활시키심으로써 인증한 진리다. 예수는 역사 속에서, 우리의 삶 한복판에서 이 진리를 외치고 증거의 삶을 사신, 역사 속 인간이었다.

예수는 왕이었는가?

왕은 자타가 공인하는 나라의 주인이다. 나라는 왕의 것이며 왕은 법 위의 존재로서 외부로부터 나라를 지키고, 안으로는 공동선을 추구하며 백성의 안녕과 치안의 의무를 가졌다. 예수는 왕이었는가? 절대 아니다. 정확히 그분은 왕은 물론이고 사제도 아니고 율법학자도 아니었다. 사람들이 그분을 '왕'이라고 했다. 그러나 기득권자들은 그분이 자칭 '왕'이라고 했다며 사형시켰다. 그 옛날, 왕이었다면 십자가에 매달 수 있었겠는가? 부활 후 그분은 천상천하 유아독존, 평화의 왕이 되셨다. 그러나 인간 예수의 삶 전체가 왕으로 채색되면, 그분의 진정한 모습이 없어진다. 그분 삶의 모든 과정이 가려지고 우리의 신앙생활이 왜곡되기 십상이다.

그분을 왕으로 받들면, 우리는 자연스럽게 기복신앙인이 된다. 복을 빌고, 부자가 되게 해 달라고, 돈, 직장, 건강을 달라고, 평안과 순탄을 기원하고, 뭐든지 잘되게 해 달라고 비는 기복자가 된다. 과정은 무시하고 결과인 열매만 바라보며 복을 구걸하는 기복자가 된다. 예수는 왕이 아니다.

예수님은 자신을 '인자', '사람의 아들'이라고 하셨고 예언자로 자각하고 계셨다. 또한 예수는 선생이었다. 율법학자와 바리사이파 사람들도 그분을 '선생님'이라고 불렀다. 율법학자와 달리 권위를 가지고 가르치신 분이다. 또 사람들은 예수가 뽑은 사람들을 그분의 제자들로 여겼다. 제자들은 철저히 스승을 뒤따르는 사람들로서 스승의 가르침과 삶을 그대로 실천하는 사람들이다. 그분은 제자들을 당신과 함께 있게 하고, 그들을 파견할 때는 당신과 같은 사명과 권한을 주셨다. 예수는 당신을 스승이라고 부르지 말라고 하셨으나 그분의 활동으로 보면 선생이요, 스승이셨다. 부활 체험 후에 고백한 것이겠지만 그분을 주님이요 그리스도라고 고백한 경우는 있어도, 그분은 결코 왕은 아니셨다.

주님보다 왕이 더 높은 지위인가? 왜, 언제부터 예수를 왕이라고 지칭하고 교회가 마치 예수님께 최고의 권위를 부여한 것처럼 착각하고 있는지 궁금하다. 그분을 왕으로 인식하는 한 메시아, 그리스도 상像이 퇴색하고 세속화된다. 하느님의 고난받는 종, 철저히 자신을 낮추신 그의 본모습이 화려한 거짓 포장으로 왜곡된다. 다시 말하지만 그분은 왕이 아니다.

예수는 비폭력주의자인가?

마르 11,15-18; 마태 5,38-42

한마디로 예수님은 비폭력주의자가 아니다. 그분은 '비폭력'을 사랑하는 사람임은 틀림없겠으나 '폭력주의자'가 아닌 것처럼 '비폭력주의자'도 아니었다. 그분은 필요 없이 폭력을 사용하지 않았지만, 필요하면 폭력도 행사했고 폭언도 퍼부었다. 탁월한 논객이면서 동시에 독설가의 모습을 볼 수 있다. 상대의 폭력이나 행동을 유발하는 언행도 일종의 폭력이다. 제정일치 시대의 정치, 종교 지도자들은 하느님의 이름으로 세속적인 면에서도 절대 권력을 행사했다. 예수는 그 기득권자들에게 '위선자', '장님', '회칠한 무덤', 심지어는 '독사의 족속'이라는 모욕적인 말로 군중 앞에서 호통치셨다. 저들은 '독사'의 무리라고! 하느님의 이름을 팔아 제 배를 채우는 자들이라고! 이는 자신의 목숨을 거는 독설이다.

예수께는 악과의 타협은 없다. 백성의 지도자라는 것들이 "입술로는 하느님을 외치면서도 사람의 계명을 교리로 가르치고, 하느님의 계명을 저버리고 사람의 전통을 지키고 있다"마르 7장고 분노하신다. "자기들은 손가락 하나 까닥 안 하면서 사람들에게 무거운 짐을 지우는" 기득권자들이라고 날을 세우신다. 모든 민족을 위한 기도의 집인 성전을 강도의 소굴로 만든다며 환전상들의 상과 비둘기를 파는 자들의 의자를 둘러엎으시는 예수! "평화를 이룩하는 사람들이 하느님의 아들이 될 것"이라고 선언하는, 평화를 사랑하신 분이나 평화를 이루는 방법에서는 칼·불·분열을 주러 왔다고 할 만큼 비폭력적이 아니다. 직접적으로 피를 부르지는 않았지만, 악에 대해서는 단호하시다.

생명의 주권자인 예수께서 "나는 양들을 위하여 내 목숨을 내놓는다"고 하신다. 요한복음 10장 18절에서 예수님은 "아무도 내게서 목숨을 빼앗지 못하고 내가 스스로 목숨을 내놓는 것"이라고 말씀하신다. 스스로 목숨을 내놓을 권한이 있다고 주장하시는 예수님을 어떻게 이해해야 할까? 자살하시는 건가? 자신을 죽이도록 타인을 유도하는 것인가? 살신성인이 아니겠는가? 예수께는 적용되는 논리를 일반 사람들에게는 적용하면 안 되는가?

그리스도인은 언제, 어떠한 상황에서나 비폭력주의자가 되어야 하는가? "친구를 위하여 목숨을 내놓는 것보다 더 큰 사랑은 없다"는 예수님의 말씀은 어떤 경우에 적용되는가? 폭력이 폭력을 낳고, 폭력으로는 문제해결이 안 된다는 말은 절대적 진리인가? 만인은 평등하다, 사람 위에 사람 없다는 말, 직업에 귀천이 없다는 말은 진리인가? 배울 때는 절대적 진리인 양 배웠는데, 현실에서는 그렇지 않음을 매일 실감한다. 코에 걸면 코걸이 귀에 걸면 귀걸이가 되는 상대적 진리다. 그냥 진리라고 믿고 싶은 진리일 뿐이다. 이런 진리가 어디 한둘이겠는가?

나라를 지키기 위한 정당방위로서 폭력이나 무력을

쓰면 안 되는 것인가? 안중근 의사와 수많은 독립군은 어떻게 보아야 할까? 프랑스 혁명은 어떻게 보아야 하는가? 혁명으로 나라의 전반적 악의 상황을 반전시키는 것이 폭력적 악인가? 삼별초의 난이라든가 마사다 Masada의 공동체적 자결은 단순히 악으로만 치부될 문제인가?

제2의 폭력을 유발하는 제1의 폭력이 폭력이고, 제2의 폭력은 정당방위가 아닌가? 생명, 평화, 공동선과 같은 절대 가치를 지키기 위한 최후의 수단으로써라도 폭력은 절대로 쓰면 안 되는 것인가? 무조건적으로 언제나 '수단과 방법이 목적에 우선'하는 것일까? 비폭력이 항상 옳은 것은 아니다! 해야 할 일을 할 수 있도록 그때그때의 상황에 따라, 하느님의 지혜로 식별하며 폭력인가 비폭력인가는 법과 상식에 따르며 행동하는 것이 옳지 않겠는가? 마땅히 해야 할 것을 할 수 있도록!

예수는 경제적으로 가난했는가?

루카 8,1-3

　그분은 가난한 분이 아니었다. 그분은 부자도 아니지만 가난하지도 않았다. 당시의 평민과 비슷한 수준이거나 조금 더 나은 생활인이었다고 볼 수 있다. 가난을 가르치지도 않았고 가난 예찬자도 아니다. 단지 필요로 하는 것이 적었던 분이다. 집이 없음은, 집이 필요하지 않았기 때문이다. 하느님나라가 가까이 왔음을 선포하며, 여기저기 다니셨던 길 위의 예수께 편히 쉴 수 있는 집은 별 의미가 없었다. 가족이 함께 사는 것도 아니라면, 집에 밥솥이 있으면 뭐 하며 옷이 열 벌인들 그분께 무슨 소용이 있었겠는가?

장정인 사도 열두 명과 적어도 3년간을 함께 지내셨는데, 생업이 따로 있었던 것도 아니다. 오히려 생업을 내던지고 예수의 민중해방운동에 투신한 열두 사도들이고 예수공동체가 아닌가? 돈이 없으면 식사는 어떻게 하셨을까? 굶기도 하셨겠지만 내내 굶지는 않았겠다. 배고픔을 모르지는 않으셨겠지만, 단식만 하고 살지는 않았겠다. 살아가기에 필요한 최소의 자금은 갖고 있었다고 본다. 그러나 배가 고프셨는지 먹을 것이 있으면 허겁지겁 잡수셨나 보다. 그래서 먹보요 게걸스럽다, 술꾼이라는 말을 들었겠다.

유다는 공동체를 위한 돈주머니를 가지고 있었다. 생활하기에 필요한 최소한의 돈은 있었던 것 같다. 동료들 모르게 슬쩍 챙긴 것을 보면, 조금 넉넉했을 수도 있다. 또한 예수를 따라다니며 도와주는 여인들이 있었다고 성서는 증언한다.루카 8,3 또 예수의 말씀을 듣고자 모인 사람 중에는 남성만도 5,000명이나 되었다고 하니까 그중에는 때에 따라 식사나 잠자리를 제공하는 사람들도 있었겠다. 후원자 개념이겠다.

예수는 가난해지라고 가르친 적은 한 번도 없다. 마태오복음 5장에서 가난한 사람은 행복하다고 말했지만, 다들 가난해지라고 가르치지는 않았다. 그분이 하신 말씀의 의도는, 이왕에 어쩔 수 없이 가난하게 된 사람들을 지극한 사랑으로 위로하는 말씀으로 이해할 수 있다. 속이 터지는 아픈 마음으로 행복선언을 말씀하셨을 것이다. 가난은 능동적으로 받아들일 때는 청빈덕이지만, 수동적으로 당할 때는 악이다. 가난은 경우에 따라서는 전쟁까지 일으킬 수 있는 악이다.

예수는 하느님의 의를 행하셨고 그 외의 것은 하느님께서 챙겨 주신, 모자람이 없는 분이다. "먼저 하느님의 나라와 그분의 의로움을 찾으시오. 그러면 이런 것들도 다 곁들여 받게 될 것"마태 6,33이라는 말씀은 체험에서 나왔을 것이다. 이런 의미에서 예수는 세상에 부러울 것이 없었던 참된 부자요, 가장 부유한 자유인이었을 것이다. 영적으로 부유했던 것은 말할 것도 없고, 물적으로도 넉넉하지는 않았지만 가난하지도 않았다. 필요한 만큼은 가졌다고 본다.

부자는 천국에 들어가기가 어려운가?

신명 15,11; 루카 18,25

"부자가 하느님나라에 들어가는 것보다는 낙타가 바늘구멍으로 들어가는 것이 더 쉽습니다."루카 18,25 부자가 하늘나라에 가는 것은 불가능하다는 말씀인가? 이해하기 힘든 말씀이다. 부자들은 하느님께서 역겨워하는 존재들인가? 부자는 악인들인가? 예수는 부자혐오증 환자인가? 부자는 하늘나라에 들어가지 못한다는 말은 무슨 말인가? 이 말씀의 진정한 의미는 무엇일까?

아마도 노력에 노력을 해서 겨우 가난에서 탈출한 평범한 사람을 염두에 두고 하신 말씀은 당연히 아닐 것이다. 일반적으로 가난에서 좀 벗어났다는 말은 과거보다 일정 정도의 부를 갖게 된 상태를 의미한다. 축하할 일이다. 가난에서 겨우 벗어나 돈을 좀 갖고 있다고 부자가 되는 것은 아니지 않은가?

 돈은 사실 불가사리와 같다. 먹어도 먹어도 배가 고픈 불가사리! 돈에 맛들이면, 돈 그 자체의 유혹에서 멀어지기가 결코 쉽지 않고, 일단 유혹에 빠지면 수단과 방법을 가리기 어려워진다. 자신도 모르게, 또는 그럴듯한 명분을 내세워 이성과 양심을 마비시키는 돈의 유혹은 치명적이다. 이미 다 아는 사실이다.

 유혹에 빠진 부가 맺는 열매는 부의 독점을 추구하고, 축적되는 부는 권력화 현상을 낳고, 유혹에 넘어가 법과 윤리를 벗어나면 결국 부정부패의 온상이 된다. 부와 권력의 편중으로 사회가 이중, 다중으로 계층 간에 넘사벽이 생기면, 평등성이 깨지니까 평화 공존, 공동선이 땅에 떨어지고 결국은 사회에 불행한 사람들이 양산되어 다수 일반인은 빈곤 상태로 몰리게 된다. 처지가 더 나빠지면 빈곤한 막노동자, 일용직장인, 무능력자로 몰려 사회의 기생충, 기업이라는 어마어마한 조직의 조그마한 부속

품, 최악으로는 일종의 소모품이 되어 버린다. 벗어날 수 없는 악의 굴레가 통제 불능으로 막 돌아가게 된다. 부의 불평등은 심각한 사회병리 현상을 일으킨다.

재물에 관한 성서의 가치관을 보면, 세상의 모든 자원과 재물은 주님의 것이다. 우리는 그분께 몸 붙여 사는 식객일 뿐이다. 부자는 마름일 따름이다. 하느님께서 재물과 물질을 맡긴 마름이다. 마름은 나눔과 베풂을 통해 하느님 백성 모두의 평등, 평화와 행복을 위해 일하는 사람이다.

하느님은 말씀하신다. "그 땅에서 가난한 이가 없어지지는 않을 것이다. 그러므로 내가, 너희 땅에 있는 궁핍하고 가난한 동족에게 너희 손을 활짝 펴 주라고 너희에게 명령하는 것이다."신명 15,11 무욕, 연민, 배려, 나눔 등이 실행되어야만 사회정의가 바로 선다. 특별히 부자들이 필연적으로 갖추어야 할 덕목이다.

결론적으로 부자가 하늘나라에 들어가기가 불가능에 가깝다는 말씀은 소극적으로는 재물 자체가 갖는 마력과 유혹의 위험을 강조하는 과장법이며, 적극적으로는 나누라는 말로 이해된다. 나눔으로 부자도 하늘나라에 들어갈 수 있다. 당연하다. 나눔이 사랑이고 나눔으로 사회적 정의가 이루어지며 바로 그 자리가 하느님나라가 된다.

"누가 세상의 재물을 가지고 있으면서 자기 형제가 궁핍한 것을 보고도 그 앞에서 불쌍히 여기는 마음의 문을 닫으면 어떻게 하느님의 사랑이 그 사람 안에 머무를 수 있겠습니까?"1요한 3,17 나눔은 이 땅 위에 하느님나라를 건설하는 행동이며, 내가 이 시대의 작은 그리스도가 되는 길이다. 쉬운 일은 아니다. 그러나 하늘나라를 차지하는 좁은 길이다. 부자들은 해야만 하는 일이다. 희망은 크다. "사람들은 할 수 없는 일을 하느님은 하실 수 있다"루카 18,27고 하신 예수님의 말씀을 새겨들어야 한다.

황제의 것은 황제에게
하느님의 것은 하느님께 돌려라

루카 20,20-26

누구나 잘 아는 유명한 일화다. 바리사이들이 예수께 올가미를 씌워 그를 죽일 증거를 잡기 위해 던진 질문을 예수가 되받아친 논쟁이다. 강력한 로마가 전쟁을 일으켜 무력으로 유대를 정복하고 다스리면서, 로마에 세금까지 내야 하는 상황! 누가 세금 한 푼인들 내고 싶겠는가? 세금 내는 것이 죽기보다 싫지만, 죽지 못해 내는 상황에서 이 문제는 예민한 문제다.

당시 유대인에게는 두 가지의 세금이 있었다. 하나는 성전세이고, 다른 하나는 로마 황제에게 바치는 세금이다. 성전세는 20세 이상의 사람이 이틀에 해당되는 품삯을 1년에 한 번 내는 세로서 굉장한 자부심을 가졌다. 그러나 로마에 내는 세금엔 불만이 컸다.

기득권자들은 예수를 죽일 명분을 얻고자 밀정을 보낸다. 식민통치자와 식민 지배를 당하는 사람 사이의 가장 민감한 세금 문제를 걸고 교활하게 묻는다. 로마 황제에게 세금을 바쳐야 되는지, 안 되는지! 올가미를 던지는 사람들과 그 주변의 사람들, 군중을 감시하는 로마 병사들까지 모두 예수의 대답에 귀 기울였을 법하다. 예수의 답은 명쾌하고 통쾌하다. "황제의 것은 황제에게 돌려 주시오. 그러나 하느님의 것은 하느님께 돌려 드리시오."
루카 20,25

도대체 세금을 내란 말인가, 내지 말란 말인가? 이 대답에 대한 반응을 보면 어리둥절하다. 적대자들과 사람들은 놀랍게 여긴 나머지 입을 다물고 그분을 그대로 두고 물러갔다고 한다. 그들은 자기 식대로 알아들었다. 세금을 거두는 로마인들은 세금을 내야 한다고 알아듣고, 세금을 내는 유대인은 내지 않아야 한다고 알아들었다.

그런데 우리 시대의 많은 사람은 예수의 이 답변을 두고, 세금을 내라는 말인가 내지 말라는 말인가 혼란스러워하면서도 세금은 내야 한다는 말로 해석한다.

예수의 의도는 자명하다. 세금은 내지 말아야 한다. 따져보면 유대에서 로마 황제의 것이 무엇이 있는가? 로마의 것이 무엇 하나 있겠는가? 풀 한 포기, 쌀 한 톨, 종이 한 장이라도 그것들이 로마 황제의 것인가? 유대에서 통용되는 로마 황제가 새겨진 로마 금화는 누가 만든 것이며 무엇을 위해 만든 것인가? 왜 로마가 아닌 유대에서 사용되는가? 유대에서 로마에 요청한 것인가? 로마금화를 유대에서 통용할 수 있도록 요청하지 않았는데도 유대에서 강제로 사용한다면, 남의 나라 주권 찬탈이요, 국제적 범죄다.

로마인은 세금을 내라는 쪽으로 이해하고 물러갔고, 군중은 물론 예수의 적대자들도 그분 말씀의 본뜻을 알아차리고 입 다물고 돌아갔다. 그곳 현장에 있던 군중의 반응은 놀라고, 입을 다물었다. 표현은 못했어도, '옳소'를 외치는 단호한 입이며 눈은 섬광처럼 빛났으리라 믿는다. 옳다. 유대인이 로마에 세금을 낼 필요가 없는 것이다. 그들은 다 알아들었다. 군중은 입을 다물었지만, 정당하지 못한 세금은 낼 필요가 없다고 똑바로 알아들었다. 불의한 세금은 내지 말아야 한다. 비록 그분의 말씀을 들은 군중이 세금을 계속 낸다 해도 목숨 때문에 내는 것일 뿐, 예전과는 다른 마음이리라.

이렇게 주장하는 근거는 루카복음 23장 2절이다. 수석 사제들과 군중이 당시 로마인 총독 빌라도에게 예수를 죽일 죄인으로 끌고 와서 고발하는 내용이다. "우리가 보니 이자가 우리 민족을 이간하여 황제에게 세금 내는 것을 가로막고 자칭 그리스도 왕이라 했습니다." 그들 자신의 입으로 예수가 세금을 내지 말라고 했다고 고발한다. 적대자들도 그분 대답의 의중을 알았던 것이다. 그들도 어쩔 수 없이 유대인이었기 때문이겠다. 예수는 불공정한 법에 대한 시민불복종운동의 원조다. 이 시대, 우리만 반대로 알아듣고 있다. 무엇 때문일까?

3

예수를 만나 달라진 삶

　예수를 진심으로 만난 사람은 변화가 일어난다. 예수를 만나면 무엇을 해야 할지도 스스로 알게 된다. 기적같이! 구원받을 만한 일을 하게 된다. 한 사람이라도 구원받은 그 자리에 하느님나라가 세워지며 확장되고 기쁨과 평화와 자유의 꽃이 핀다.

바르티매오, 눈먼 걸인

마르 10,46-52

눈먼 걸인인 티매오의 아들 바르티매오. 구걸하며 길가에 앉아 있던 바르티매오가 "나자렛 사람 예수다"라는 소리를 듣고는 외친다. "다윗의 아들 예수님, 저를 불쌍히 여기소서." 많은 사람은 시끄럽다고 그를 꾸짖지만 더욱 크게 외친다. "다윗의 아들이시여, 저를 불쌍히 여기소서." 자기를 부르신다는 말을 듣자마자 소경은 자기 겉옷을 내던지고 벌떡 일어나 예수께로 간다. 예수께서 무엇을 원하느냐고 묻자, "랍부니, 제가 다시 볼 수 있게 해 주십시오." 예수께서 말씀하신다. "당신의 믿음이 당신을 구원했습니다." 그는 즉시 다시 보게 되었고 예수를 따라

길을 나섰다. 감동적인 에피소드다. 지금 이 자리에서 일어나고 있는 생생한 사건을 보는 느낌이 든다.

　소경이라는 장애는 미루어 짐작할 수 있을 뿐, 그것이 얼마나 고통스러운지는 본인만 알 것이다. 그는 본인의 이름도 없이 '티매오의 아들'로 불리며 구걸해 연명하는 가난한 공적 죄인이다. 예수 당시 장애는 그 가문의 4대 중 누군가가 지은 죄에 대한, 하느님께 받는 벌로 여기던 때다. 병자, 가난한 자, 더군다나 불치병을 앓는 사람들은 모두 당시의 종교법에서 죄인으로 취급받았다. 그들은 성전에도 들어가지 못하고, 속죄의식도 받지 못하며, 하느님의 명부에 자기 이름이 기록되지도 못하고, 죽은 후 추모일에 본인 이름이 불리지도 못했다.

　바르티매오는 아예 자기 이름이 없다. 그 사회에서 그는 존재하지 않는 유령인간이었다. 그가 다시 보게 해 달라는 걸 보면 날 때부터 소경은 아니다. 언제 어떤 사고로 눈이 멀었는지 모르나 얼마나 힘든 나날을 보냈을까? 아무런 희망도 없이 자기 처지를 숙명으로 여기며 죽음과 같은 하루하루를 보내던 바르티매오. 어느 날, 예수의 소문을 처음으로 들었을 때, 아마도 생애 처음, 희망으로 가슴이 터질 듯했을 것 같다. 눈이 낫든지 안 낫든지, 예수를 한 번만이라도 만나나 봤으면 하는 갈망이 하늘처럼 컸을 것 같다.

소경은 절대 벌떡 일어나지 않는다. 아니! 못한다. 벌떡 일어나는 것은 생각 이전의 행동이다. 얼마나 급했을까! 겉옷까지 벗어던진다. 당시에 겉옷은 가난한 사람에게는 옷이며 이불이며 지붕이다. 가진 재산의 모든 것이다. 그래서 율법은 고리대금업자에게 "겉옷을 담보로 잡았으면, 해가 지기 전에 돌려 주어야 한다"탈출 22,25고 명한다. 바르티매오가 얼마나 급했는지 겉옷도 내던지고, 벌떡 일어나, 누구의 부축을 받기도 전에 무작정 예수 쪽을 향하여 급히 달려간다.

그런데 이상한 점이 있다. 바르티매오가 예수께로 달려가서 왜 아무 말도 하지 않았을까? 예수께서 묻는 것도 정상이 아니다. 무얼 원하냐고? 보면 모르나? 몰라서 묻는가? 소경이 걷게 해 달라고 하겠는가? 밥을 달라고 하겠나?

생각해 보면, 바르티매오는 한 번만이라도 예수를 볼

예수를 만나 달라진 삶

수 있게 되기를 얼마나 바랐을까? 그런데 뜻밖의 기회가 왔다. 풍문으로만 들었던 예수가 여기에 계시다. 절체절명의 순간이다. 다시 보게 될 수도 있고, 완전히 희망을 잃을 수도 있다. 그런데 그가 예수 앞으로 달려와서는 말을 못한다. 왜 아무 말도 못했을까? 그는 그냥 예수 앞에서 얼어붙은 것 같다. 기가 완전히 막혀서 말은커녕 숨도 쉴 수 없을 정도로 얼어붙은 것 같다. 예수가 뭘 원하느냐고 물어본 것은 몰라서 묻는 것이 아니고 숨을 쉴 수 있도록 기를 풀어 주는 말이다. "뭘 원하지요?" 마치, "오늘, 밥 먹었어요?" 물어 보는 것처럼! '다시 보게 해 달라'고 말하며, 숨을 내쉬는 바르티매오. 살았다.

'너의 믿음이 너를 구원하였다'는 말씀과 함께 바르티매오는 즉시 보게 되었고, 예수님께 '구원받았다'는 선언을 듣는다. 예수님은 내가 아닌, 너의 믿음이 너를 구원했다고 하신다. 이 말씀이 많은 생각을 불러일으킨다.

혹시 나는 육적인 소경은 아니지만 영적인 소경은 아닌지? 진정 봐야 할 것을 보지 못하고 있지는 않은지? 현상세계에 둘러싸여 본질의 세계는 보지도 못하며 살고 있지는 않은지. 내 눈을 뜨게 해 주실 수도 있는 예수를 얼마나 간절히 찾는 나인지. 생각할수록 송구스럽기만 하다.

간음하다 들킨 여자

요한 8,1-11

　율법학자와 바리사이들이 간음 현장에서 붙잡은 여자를 예수께 데리고 와서 예수를 법정에 고발할 구실을 찾는다. "모세의 율법대로 돌로 칠까요? 어떻게 할까요?" 계속해서 물으니 예수께서 굽혔던 몸을 일으켜 말했다. "당신들 가운데서 죄 없는 사람이 먼저 이 여자에게 돌을 던지시오" 하고 다시 몸을 굽혀 땅에 무엇인가 쓰셨다. 나이 많은 이부터 시작해서 다 떠나고 예수와 여자만 남았다. 예수께서 몸을 일으켜 여자에게 물었다. 그들은 어디 있는지? 아무도 당신을 단죄하지 않았지요? "예, 주님!" 예수께서 말씀하셨다. "나도 당신을 단죄하지 않습니다. 가시오."

어쩌다 주일에 산에 갔다가 절에서 법문을 들을 때가 있었다. 사찰마다 건축에 얽힌 설화가 있는가 보다. 몇 번 들을 기회가 있었다. 설화는 재미있으면서도 황당하고 증명할 수 없는, 사실과는 거리가 먼 이야기다. 그런데 묘하게도 그 설화를 듣고 나서 절을 보면 그 절이 새롭게 보이고 불교에 매력까지 느끼게 된다. 같은 맥락에서 이 간음하다 들킨 여자의 에피소드는 8세기에 덧붙여진 이야기다. 8세기 이전의 어떤 성서사본에서도 이 이야기는 없다고 한다. 그럼에도 이 이야기만큼 예수를 잘 보여 주는 예도 드물다.

여기 간음하다 현장에서 들킨 여자가 있다. 간음하다 들킨 여인, 그는 창녀였으리라. 만일 간통이었다면 율법대로 남자도 처형당해야 하기 때문이다. 모세법에 의하면 간통 현장에서 들킨 남녀는 두 명의 증인만 있으면 재판 없이 처형된다. 간음하다 들킨 여자. 율법학자들과 바리사이들이 이 여자를 예수 앞으로 끌고 와서 돌로 쳐 죽이라는 모세의 율법을 들이대며 예수를 고발할 구실을 찾으려 한다. 유대에서 헌법과 같은 모세의 율법을 깨트리는지, 아니면 사랑과 용서를 강조하는 예수의 모순성을 드러낼는지? 고발할 구실을 찾는 악의에 가득 찬 율법학자와 바리사이들과 호기심에 이끌린 군중이 있고 그 한가운데에 예수와 여자가 있다.

모세의 율법을 철저히 지키던 그들이 굳이 예수께 그 여자를 데리고 와서 올가미를 친다. 악은 무섭다. 예수께서는 둘러 있는 그들 내면에 깊이 자리 잡은 악의 본성을 보며 분노를 넘어 슬픔을 느끼시는지, 악에 사로잡혀 있는 그들을 차마 마주할 수 없는지 몸을 굽히신다. 의인을 죽일 올가미를 씌우려고 재촉하는 악! '죄 없는 사람부터 쳐라' 하실 때 그분은 아마도 슬픈 눈으로 허공을 보며 말씀하셨을 것 같다. 순간이나마 자신들의 내면을 볼 수 있도록 초대하시고, 의도적으로 그들을 보지 않으려고 다시 몸을 굽히신다. 만일 둘러 있는 사람들의 눈을 보며 말씀하셨으면 도발로 받아들여 어떤 일이 벌어졌을지도 모른다. 악에 사로잡힌 그들을 보는 예수도 간음하다 들킨 여자만큼이나 고통스럽다. 그리고 저들은 물러갔다.

마침내 숨이 막혀 죽을 것 같은 순간을 마른 침 삼키

며 웅크리고 있던 여자에게 예수께서 묻는다. "부인, 그들은 어디 있소?" 없다고 대답하면서 여자는 얼어붙은 기를 내뱉는다. 숨을 쉰다. 생명을 들이마신다.

 여자를 율법대로 처단할 자격이 있는 오직 한 분, 그분이 구원의 말씀을 주신다. "나도 당신을 단죄하지 않습니다. 가시오!" 그뿐이다. 생사의 갈림길, 절체절명의 순간에 이보다 더 은혜로운 말이 있을 수 있을까? 따뜻한 그 한마디, 아무 일도 없었다는 듯이 "나도 당신을 단죄하지 않겠습니다. 가시오!" 생명을 살리시는 주님, 예수의 진면목이 여실히 드러난다. 그리고 예수는 이런 말은 하지 않으시는 분이다. "이제부터 다시는 죄를 짓지 마시오."

 성서 나눔을 하던 중 한 형제가 간음하다 들킨 당사자, 남자에 관해 이야기했다. 생각지 못했던 부분에 힌트를 얻어, 그 여인의 상대 남자가 처했을 두 가지 경우를 생각해 보았다. 첫 번째는 그 여자를 사랑하지 않았을 경우다. 그 남자는 줄행랑쳤겠다. 수치심으로 몸 둘 바를 몰라 하며 될 수 있는 한 멀리멀리 도망갔겠다. 그러면서 소문이 잦아들기를 기다렸을 것이다.

두 번째는 그 남자가 여자를 사랑했을 경우다. 그는 자신을 숨기면서 여자를 끌고 가는 무리와 일정 간격을 유지하며 뒤따라갔을 법하다. 가슴 졸이며 모든 상황을 지켜본다. 매 순간순간을 그 여자와 같은 고통을 감수하며 상황을 예의주시한다. 예수의 한마디 한마디에 온 신경을 곤두세우며 듣는다. "죄 없는 사람이 먼저 이 여자에게 돌을 던지시오"라는 예수의 말을 듣는 순간, 천둥이 가슴을 치는 듯한 고통에 일그러지며 큰 나무 뒤에 주저앉는다. 시간이 지나며 둘러 있던 사람들이 하나둘씩 물러간다. 마침내 그 여자도 멀리 사라졌을 때 무거운 걸음으로 예수 앞에 나와 엎드려 통회의 눈물로 사죄를 청한다. 예수님의 말씀도 같을 것 같다. "나는 당신을 단죄하지 않겠소. 편히 가시오!"

자캐오와 돌무화과 나무

루카 19,1-10

자캐오는 예수님을 만나는 데 장애가 있다. 세관장이다. 세관장은 누구나 부러워하는 직업이지만, 예수 당시 세관장은 로마에 부역하는 매국노로서 민족적 혐오인간이었다. 마치 이완용처럼! 부자였지만 기피인물로 사람들이 멸시하고 때론 목숨을 노리는 사람들도 있었겠다. 당연히 친구도 없다. 돈 많고 집도 크고 먹을 것이 많아도 나눌 친구가 없다. 또 하나의 장애는 키가 작은 것이다. 둘러 있는 군중 사이로나마 예수를 보고 싶어 여기저기 기웃거리지만, 사람들은 조그만 틈도 내주지 않는다. 그는 인의 장막에 가려 예수를 볼 수 없었다.

보고픈 마음이 간절하면 신기하게도 그 방법을 알게 된다. 자캐오가 왜 그렇게도 간절히 예수님 보기를 원했는지는 알 수 없지만, 지혜가 있었는지, 길이 외길인지, 예수께서 지나가실 길을 미리 짐작했다. 예수의 가는 길을 앞질러 가서 길가의 돌무화과 나무 위로 올라갔다. 나이도 지긋한 신사였을 텐데, 오로지 예수를 보고픈 마음으로 나무 위로 올라갔다. 어디까지 올라갔을까? 체면상 무화과 나뭇잎에 가려 사람들이 자기를 보지 못할 정도의 높이까지는 올라갔을 것 같다.

 "자캐오, 얼른 내려오시오. 오늘은 내가 당신 집에 머물러야 하겠습니다." 숨죽이며 예수만 바라보고 있었는데, 예수와 눈이 마주쳤을 때 자캐오는 얼마나 가슴이 뛰었을까? 자기 집에 머물겠다는 말씀을 들었을 때, 그는 큰 충격을 받아 아무것도 눈에 들어오지 않았을 법하다. 자캐오는 얼른 내려와 기뻐하며 그분을 집에 모셨다. 사람들이 투덜대거나 말거나…….

 자캐오는 중대한 결심을 한 듯 일어서서 주님께 말한다. "제 재산의 반을 가난한 사람들에게 주렵니다. 그리고 제가 남의 것을 등쳐먹은 일이 있다면 네 곱절로 갚아

주렵니다." 주님께서 말씀하신다. "오늘 이 집에 구원이 내렸습니다. 이 사람도 아브라함의 아들이기 때문입니다. 사실 인자는 잃은 것을 찾아 구원하러 왔습니다." 내가 구원받은 듯, 뭉클하다.

예수를 진심으로 만난 사람은 변화가 일어난다. 예수를 만나면 무엇을 해야 할지도 스스로 알게 된다. 기적같이! 구원받을 만한 일을 하게 된다. 한 사람이라도 구원받은 그 자리에 하느님나라가 세워지며 확장되고 기쁨과 평화와 자유의 꽃이 핀다.

돌무화과 나무는 무화과를 맺지 못하는 나무로 가로수로밖에 쓰일 곳이 없다. 그러나 예수를 만나게 해 준 소중한 매개체가 되었다. 나에게 예수님을 만날 수 있도록 특별한 역할을 한 돌무화과 나무는 무엇이었나? 엄마다. 사실 종교를 가진 모든 엄마의 신앙심은 하늘을 찌른다. 나는 발끝도 못 따라간다. 알게 모르게 엄마의 신앙이 밑거름이 되어 예수님과의 만남이 시작되었다.

나는 누구에게 돌무화과 나무가 되어 주었는가? 현재

는? 나는 진정으로 예수님을 만나보려 하는가? 예수님을 만나지 못하게 막는 내 안팎의 장애는 무엇일까? 부족한 믿음? 적당주의? 게으름? 세속주의? 모두인 것 같다.

포도밭 주인과 일꾼, 하느님나라의 잣대
마태 20,1-16

예수께서 하늘나라에 관한 비유를 말씀하신다. 하늘나라는 선한 집주인과 비슷하다고. 포도원에 일꾼을 고용하려는 선한 집주인은 이른 새벽 장터에 나와서, 하루 품삯 한 데나리온에 합의하고 일꾼을 자기 포도원에 보낸다. 9시, 12시, 오후 3시, 그리고 오후 6시에는 일을 마감하고 하루 품삯을 주는 시간인데도 오후 5시에도 일꾼을 고용해서 포도원에서 일하게 한다. 주인이 저녁에 모두 똑같은 품삯을 주었다. 온종일 일한 일꾼이 똑같은 품삯을 받은 것에 대해 불평했다.

집주인은 단호하다. "나는 불의한 일을 하지 않았습니

다. 합의한 대로 한 데나리온을 받았으면 당신의 품삯을 가지고 가십시오. 나는 나중에 온 사람에게도 똑같이 주고 싶습니다. 내 것을 가지고 내 마음대로 해서는 안 됩니까? 내가 선한 것이 못마땅합니까?"

온종일 땀 흘리며 일한 일꾼의 불평은 당연하다고 생각한다. 왜냐하면 온종일 뙤약볕에서 일한 사람과 한 시간밖에 일하지 않은 사람의 품삯이 같을 수는 없다. 우리는 능력과 시간과 능률 같은, 조건에 따라 품삯 받는 것을 당연하게 여기는 사회에서 살기 때문이다. 이 세상은 조건에 따라 철저히 다르게 품삯이 주어지는 사회다. 그래야 서로 불평이 없고 정의롭고 공정한 사회라고 생각한다.

그런데 바꾸어 생각해 보면, 이른 새벽에 고용된 일꾼이 제일 먼저 한 데나리온의 품삯을 받고 집으로 돌아갔다면 기쁘지 않았겠나? 하루의 고된 노동의 대가를 받고 집으로 돌아가는 발걸음이 가벼웠겠다.

예수님은 이 비유를 말씀하실 때, 하늘나라는 이 선한 집주인과 비슷하다고 하셨다. 집주인을 잘 살피면 하늘나라, 하느님나라를 엿볼 수 있다. 집주인은 품팔이하러 모이는 인력시장에 여러 번 갔다. 이른 새벽에 갔을 때는 당연히 가장 튼튼하고 일을 잘할 것 같은 사람을 택했을 것이다. 두 번째 갔을 때는 일꾼이 더 필요해서 갔을 수도 있겠으나 3시, 5시에는 왜 갔을까? 그때까지도 고용되지 못한 사람들은 어떤 사람들이었을까? 더는 고용될 희망이 없는 5시경에도 왜 집에 돌아가지 않고, 그 시간까지도 그곳에서 서성였을까? 일을 할 수 없는 조건의 사람들이 아니었을까? 조금이라도 돈을 벌지 못하면 차마 집에 돌아가지 못하는 사람들이 아니었을까?

집주인은 왜 마지막에 일하러 온 일꾼부터 삯을 주기 시작했을까? 의도가 있지 않았을까? 품삯을 받으러 둘러 있는 사람들은 자기들의 예상을 깨고 1시간밖에 일하지 않은 사람들에게 한 데나리온씩 주는 집주인을 보며 무슨 생각을 했을까? 성경 말씀대로라면 그들은 마음속으로 온종일 일한 자기들에게는 상당한 보수를 주리라고 기대했던 것 같다. 기대에 어긋났기 때문에 정당한 임금을 받고도 불평하게 되었다고 볼 수 있다. 이 집주인은 일단 공의로웠다. 합의한 것을 지켰다.

집주인은 그들의 불평을 듣고 조금 분노한 것 같다. 집주인은 어떤 기대를 가지고 의도적으로 마지막에 온 일꾼부터 삯을 준 것 같다. 그 의도는 무엇일까? 같은 동족이며 같은 일을 하는 동료들이, 약자들도 살리는 선한 집주인에게 감사하면서 함께 기뻐하며 축복해 주기를 기대하지는 않았을까? 약자를 살리는 집주인을 보며 감동하게 되는 것은 생각 이전의 본능적 마음이 아닐까?

한 데나리온의 노동자의 품삯은 그 당시 네다섯 가족의 하루 생활비에 해당된다고 한다. 마지막에 포도원에서 일하게 된 그 사람은 얼마나 기뻤을까? 불러준 주인이 얼마나 고마웠을까? 그 사람들은 1시간만이라도 혼신의 힘을 다해 일하고 싶어도 마음뿐, 몸이 말을 듣지 않는 사람이었을 것 같다. 10분의 1의 품삯이라도 받아서 집으로 돌아갈 수 있다면, 그 사람은 얼마나 기뻐했을까? 하물며 한 데나리온을 받았을 때야 그 기쁨이 얼마나 컸겠는가? 동시에 그 집주인을 향한 고마움은 말해 무엇 하겠는가?

집주인은 세상의 가치와 세상의 잣대를 뛰어넘는다.

능력에 따라서, 일한 시간에 따라서, 성과에 따라 판단하는 이 세상의 잣대를 뛰어넘는 하늘나라의 잣대다. 모든 생명을 살리는 잣대! 집주인이 준 한 데나리온은 어떤 사람에게는 생명 그 자체가 된다. 생명을 살리는 집주인! 사람에 대한 조건 없는 사랑과 연민에서 나오는 선한 행위다.

집주인의 사람을 향한 조건 없는 사랑, 자비, 연민, 그의 선한 마음이 곧 하늘나라다. 하늘나라는 재능이 있건 없건, 배웠건 못 배웠건, 정상인이건 장애인이건, 부자건 가난한 사람이건 상관없이, 생명이면 무조건 살리시는 하느님이 통치하시는 나라다. 하늘나라의 잣대는 이 세상의 잣대를 완전히 뛰어넘는다. 정의로운 분배, 공평한 분배는 세상살이에는 꼭 필요한 잣대인지도 모르겠다. 그러나 하늘나라의 잣대는 선한 집주인이 보여 주었다. 천만다행이다. 집주인의 큰 사랑, 자비가 이 땅 위에 하느님나라를 건설하면서 확장해간다.

생명을 살림에는 어떤 조건도 달지 말라. 배고픔이 없게 하라. 우는 자가 없게 하라, 억울함이 없게 하라, 누구도 최소한의 삶 앞에서 좌절하지 않게 하라. 희년법이다.

하느님나라를 건설해감은 어렵지 않다. 내가 집주인과 같은 마음이 될 때, 그분과 같은 행동을 할 때 그때가 하느님나라를 그 자리에 세우는 때다. 서로서로 집주인과 같이 되라는 말씀이 들리는 것 같다.

사족을 단다면, "내 것을 가지고 내 마음대로 해서는 안 된다는 말입니까?"라는 집주인의 말을 들어 어떤 기업인은 자기 마음대로 자산을 사용할 때, 자기 행위를 정당화하는 말로 이용하기도 한다. 이 주장은 옳지 않다. 예수는 집주인의 입을 빌려 분명히 말한다. "내가 선한 일을 한 것"이라고. 선한 일을 할 때는 지금도, 자기 재산을 마음대로 사용해도 된다는 말로 받아들일 수 있겠다. 안식일의 논쟁에서 이 예수의 의도를 명확히 알 수 있다. 예수는 안식일이라도 선한 일은 해야 하고, 목숨을 살리는 일은 해야 한다고 주장하며 팔이 오그라든 사람의 팔을 고쳐 주셨다.마르 3,1-6

성숙한 신앙인 마르타

루카 10,38-42; 요한 11,1-54

　예수님과 제자들이 여행 중에 마르타의 집에 들이닥쳤다. 갑자기 조용했던 집 안에 활기가 넘친다. 인사를 나누고 삶을 나누는 현장이 된다. 유쾌한 웃음소리가 천장을 들었다 놨다 한다. 언니 마르타는 손님들 시중드느라고 바쁘고, 아우 마리아는 예수의 발치에 앉아 그들의 오가는 말들을 듣고 있다. 마르타가 예수께 부탁했다. "마리아에게 언니를 도와주라고 말 좀 해 주세요." 그러자 주님께서는 "마르타, 마르타, 당신은 온갖 걱정을 하며 부산을 떠는데 실상 필요한 것은 한 가지뿐입니다. 사실 마리아는 좋은 몫을 택했고 그것을 빼앗기지 않을 것입니다"라고 하신다. 이 이야기는 간단하다.

이 일화에 대한 강론을 들을 때마다 좀 불편하다. 십중팔구는 둘로 나눈다. 마리아는 기도와 관상회의 모델이요, 마르타는 활동회의 모델이라고. 또한 관상회가 활동회보다 상급인 것처럼 분류한다. 이런 해석은 예수님은 물론 그분의 말씀조차 이해하기 어렵게 만든다. 예수께서 이렇게 둘로 나누고자 하는 의도가 털끝만큼이라도 있었겠는가? 이 일화가 기도의 중요성을 알려 주는 에피소드인가? 참으로 엉뚱하다. 물론 기도의 중요성과 필요성은 백번 강조해도 부족하다. 다른 한편, 하느님의 일을 할 때 기도 없는 활동이 있겠는가?

여행 중에 예수 일행이 마르타의 집에 들리셨다. 그들을 집에 모시면 가장 먼저 발 씻을 물을 드리고 음식을 대접해야 한다. 중동지방은 요즘도 손님 환대가 지극하다. 집에 하녀나 어머니가 안 계시는지 나이에 비해 성숙한 언니 마르타가 혼자서 바쁘게 움직인다. 대접받는 예수님이 고마움의 표현도 않고, 마치 분주하게 움직이는 마르타를 나무라고, 사랑스럽게 발치에 앉아서 예수만 바라보는 마리아를 편애하시는 것처럼 생각하게 한다.

이건 아니다. 고마움도 모르고 노동의 힘듦을 이해하지도 못하는 예수님을 상상할 수는 없잖은가?

그 상황을 재구성하면 이렇다. 마리아는 발랄하고 귀여운, 눈에 넣어도 아프지 않을 철없는 소녀일 것이다. 마르타는 성숙한 여인의 향기가 풍기는 언니다. 마르타는 이리저리 바쁘게 움직이며 손님을 위한 준비를 하다가 주방 문 뒤에 숨어서 예수님이 눈치채지 못하게 마리아에게 여러 번 사인을 보냈을 것이다. 나와서 같이 준비하자고! 그러나 철부지 마리아는 보고도 못 본 척, 계속 예수님 앞에 귀엽게 앉아 있다. 마르타도 대접할 준비를 빨리 마치고 예수님 곁에서 말씀을 듣고 싶은 마음이 굴뚝이다. 마르타라고 예수님 얼굴을 보며 그분 말씀을 듣고 싶지 않겠는가? 일이 힘들어서가 아니라 자기도 빨리 그 자리에 끼고 싶어서 투정한다. 표정, 목소리, 몸짓이 눈에 선하다. 나도 언니와 그런 경험이 있으니까!

마침내 마르타가 예수님께 와서, "주님! 제 아우가 저 혼자만 시중들게 내버려 두는데도 가만히 계셔요? 마리아보고 저를 좀 도와주라고~ 말 좀 해 주세요!" 응석 부리듯 얼굴 한가득 웃음을 머금고 응원을 부탁하는 마르타가 마리아의 머리에 살짝 꿀밤을 날린다. 빨리 나와서 도와 달라는 신호다. 이를 보던 일행이 환하게 웃는다. 마르타가 분주하게 움직이는 것도 실상은 빨리 예수님 곁에서 말씀을 듣고 싶어서인 줄 다 아니까!

넘치는 환대에 고마운 마음과 감사의 미소를 띠며 달래듯이 말씀하시는 예수님의 얼굴이 보인다. 마르타의 마음을 누그러트리며 마리아를 데려가려는 마르타의 팔을 잡아 앉히시며, 마르타와 마리아의 얼굴을 번갈아 보며 말씀하시는, 예수님의 웃음 띤 목소리가 들린다. 마르타의 이름을 두 번이나 부르면서 눈으로, 입으로 말씀하신다. "마르타~, 마르타! 이만하면 됐어요. 참 고마워요. 이젠 앉아서 같이 이야기해요. 사실 필요한 것은 한 가지뿐이고 마리아가 잘 선택했어요. 그건 빼앗기지 않을 거예요." 예수님과 마르타와 마리아가 웃고, 둘러 있던 일행들 모두가 한바탕 웃는다. 마르타도 앞치마를 벗으며 함박미소로 그 자리에 앉는다. 따뜻한 웃음소리가 들린다. 참, 따뜻하다. 우리 가정에서, 주변에서 자주 일어나는 일상이다.

이렇게 본다면 기도와 활동으로 나누고 관상회와 활동회로 나누는 것 같은 우를 범할 수는 없다. 마치 간음하다 들킨 여자를 죽이려 하는 자리에서 예수가 몸을 구부리고 무언가를 긁적이는 것은, 둘러 있는 사람들의 죄목을 적었을 것이라는 상식 이하의 생각이 들어올 자리가 없는 것과 같다.

마르타는 성서에서 두 번 언급되지만 초대 교회에서 그가 차지하는 자리는 매우 크다는 생각이다. 하나는 '마르타와 마리아' 이야기이고, 또 하나는 '라자로의 소생' 이야기다. 요한복음에서 나오는 이 사건에서 마르타를 조명해 보고자 한다.

마르타와 마리아 그리고 라자로는 동기간이다. 예수는 라자로와 마리아와 마르타를 많이 사랑하셨다. 라자로가 병을 앓다가 죽었다. 예수는 이미 알았지만 라자로가 무덤에 묻힌 지 나흘이나 지난 다음에야 그들이 사는 유대 지방 베타니아로 가셨다. 당시는 의술이 발달하지 않아 죽었다고 생각되는 사람도 종종 다시 살아나기도 해서, 나흘이라는 기간이 지나도 살아나지 못하면 죽음을 확정

했다고 한다. 라자로가 죽은 지 나흘이 지났다는 말은 그가 확실히 죽었다는 증거다.

유대 지방은 예수를 죽이려고 하는 위험 지역이기에 제자들은 그분을 말렸지만, 결국 예수와 함께 죽을 결심을 하고 따라나섰다. 많은 유대인이 자매를 위로하려고 마르타의 집에 와 있었다. 마리아는 집에 남아 있고 예수께서 베타니아에 오셨다는 말을 전해 들은 마르타는 예수를 마중하러 소리 없이, 조용히 집을 나섰다. 사람들에게 예수를 드러내지 않고자 신중하게 처신하는 마르타!

라자로를 살려 주시리라 굳게 믿는 마르타에게 예수께서 중요한 말씀을 하신다. "나는 부활이요 생명입니다. 나를 믿는 사람은 죽더라도 살 것입니다. 또 살아서 나를 믿는 사람은 누구나 영원히 죽지 않을 것입니다. 당신을 이것을 믿습니까?" 묻자, 마르타는 초대 교회에서 가장 중요한 신앙고백문Credo을 말한다. "예, 주님! 주님은 세상에 오시기로 된 그리스도요 하느님의 아들이심을 믿습니다."요한,11,27

마르타가 남몰래 마리아에게 말했다. "선생님께서 와

계시는데 너를 부르신다." 말을 듣자마자 마리아가 벌떡 일어나서 나가는 바람에 집에서 문상하던 유대인들은 그가 무덤에 가는 줄 알고 함께 뒤따라 나섰다. 예수를 만난 후 모두 라자로의 무덤으로 갔다. 라자로의 무덤 앞에서 눈물을 흘리며 애통해하시는 예수께서 눈을 들어 아버지께 기도하신다. '아버지께서 저를 보내셨음을 그들로 하여금 믿게 하려고' 이런 일이 일어났음을 말씀하신 후에, 큰 소리로 "라자로야, 나오너라!" 외치자, 죽었던 라자로가 손과 발이 띠로 묶이고 수건으로 얼굴을 감싼 채 무덤에서 나왔다. 예수께서 하신 일을 본 유대인 중 많은 사람이 그분을 믿게 되었다.

이 사건은 예수께서 죽었던 라자로를 살리시는 것을 직접 체험한 유대인들이 예수가 생명의 주인으로서 하느님이 보내 주신 메시아임을 믿게 되었음을 선포하는 사건이다. 그분을 믿으면 죽더라도 부활하여 영원한 생명을 얻게 됨을 증명한 사건이다. 물론 이 사건의 결과로 수석 사제들과 바리사이들이 의회를 소집하고 예수를 죽이기로 결의한다. 불의를 저지르는 자들의 명분은 언제나 크다. 많은 표징을 행하는 예수를 군중이 믿게 되면 로마인들에게 나라와 민족이 약탈당할 것이기 때문에 민족을 위해 예수가 죽는 것이 이롭다는 것이다. 그날 그들은 예수를 죽이기로 결의했다.

여기에서 예수와 연관하여 라자로를 생각해 볼 수 있다. 죽었다가 다시 살아난 라자로의 소문은 삽시간에 온 나라에 널리 퍼졌을 것이다. 그는 예수가 죽음에서 일으켜 세우신 살아 있는 증인이다. 많은 사람이 라자로를 보고 싶어 했다고 성서는 말한다. 따라서 예수를 죽이려는 세력은 라자로도 죽이려고 결의했다.요한 12,10 라자로는 살아 있어도 죽음의 위험에 시달렸을 것이라고 충분히 짐작할 수 있다. 예수 때문에 받는 시련은 순교와 같다.

또한 마르타와 마리아를 눈여겨보게 된다. 우선 마리아는 순진하다. 앞뒤 생각하지 않고 마음에 따라 그 즉시 행동한다. 언니가 손님을 대접하느라고 분주하든 말든 예수 발치에 앉아 있는 모습과 겹쳐진다. 그 순수함이 귀하다.

마르타는 신중하고 성숙하다. 그녀는 예수가 유대 지

방에 온 것을 유대인에게 들키지 않게 하려고 신중히 행동한다. 마치 성모 마리아처럼! 그리고 그의 입을 빌려 초대 교회의 신조Credo를 고백한다. "예, 주님! 주님은 이 세상에 오시기로 된 그리스도요 하느님의 아들이심을 믿습니다." 마치 베드로의 입을 빌려 초대 교회의 정석화된 신앙고백문을 선포하는 것과 같다. "선생님은 살아계신 하느님의 아들 그리스도이십니다!"마태 16,16 초대 교회 안에서 마르타의 특별한 존재감이 느껴지는 대목이다.

백인대장, 또 하나의 착한 사마리아인
마태 8,5-13

가파르나움에서 일어난 일이다. 군인 100명을 거느린 백인대장이 예수님을 찾아와서 중풍으로 괴로워하는 자기 하인을 위해 치유를 간청한다. 고쳐 주러 가려는 예수님께 "주님, 저는 주님을 제 집에 모실 만한 자격이 없습니다. 그저 한 말씀만 하시면 제 하인이 낫게 되겠습니다." 자기 밑의 군인들도 명령만 하면 그대로 다 한다는 백인대장의 말! 그의 믿음을 놀랍게 여긴 주님께서 바로 응답하신다. "가시오. 당신이 믿은 대로 당신에게 이루어지기 바랍니다." 바로 그 시간에 그 하인이 치유되었다. 감동이다.

이 백인대장에게서 '선한 포도밭 주인'이 겹쳐진다. 하늘나라의 향기가 난다. 그 당시 하인은 거의 노예와도 같은 존재였다. 주인에겐 하나의 재산일 뿐이다. 하인은 그의 생명이 주인의 손안에 있다. 사고팔 수도 있고, 주면 먹고 안 주면 굶어야 하는, 주인이 살릴 수도 있고 죽일 수도 있는 존재. 그 당시 로마 백인대장의 신분과 유대인 하인의 신분은 천지 차이다.

중풍으로 괴로워하는 그 하인은 백인대장에게 중요한 사람일 수도 있고, 수많은 하인 중 그냥 한 사람일 수도 있다. 지위 고하를 불문하고 백인대장은 중풍으로 누워 고통받는 하인을 몹시 애처롭게 여기며 낫게 해 주려고 노력한 것 같다. 백인대장의 심성을 미루어 생각해 보면 예수님을 찾아오기 전에 이미 용한 의사를 찾아다니며 치료를 받게 했다고 봐도 무방할 것 같다.

백인대장이 예수님에 관한 소문을 들은 것 같다. 고심을 많이 했겠다. 이 소문을 믿어야 하나 말아야 하나? 말씀만으로도 마귀를 쫓아내고, 여기저기 고통받는 수많은 병자를 낫게 하다니……. 도대체 예수가 어떤 사람이야?

예수님에 대해 자세히 알려고 백방으로 수소문했을 것 같다. 하인들도 있지만 높은 지위의 지인들도 있었을 테니까 예수님에 대해 여러 가지로 알게 됐을 것이다. 수많은 정보로 예수님에 대해 알아보고 나서도 고민이 많았겠다.

이 정보가 사실일까? 다 믿어야 하나? 믿는다면 예수는 보통 사람이 아닌 것은 분명한데……. 예수를 메시아로 믿는 사람들도 있지만, 설마 그가? 예수를 찾아가야 하나 말아야 하나? 백인대장이라는 신분으로 그런 사람을 찾아가서 간청해야 하나 말아야 하나? 소문이 삽시간에 퍼질 텐데, 섣불리 결정하기가 정말 쉽지 않았겠다.

마침내 결단을 내리고 예수님을 찾아간 백인대장. 그는 놀랍게도 그분을 선생님이라고 부르지 않고 '주님'이라고 부른다. 찾아만 가도 하인은 틀림없이 낫게 되리라는 믿음을 이미 가지고 있었다고 봐야 하는 대목이다. 그는 예수님을 믿었다. 그분이 보통 사람이 아닌 것을……. 예수께서 그의 믿음을 놀라워하며 극찬을 아끼지 않으신다. "이스라엘에서는 어떤 사람에게서도 이만한 믿음을 본 적이 없습니다."

백인대장은 연민의 정을 가진 마음이 따뜻한 사람임을 알 수 있다. 착한 사마리아인같이! 미리 정보를 수집해 예수님에 대해 알아보고 식별한 그는 이성적인 사람, 지혜로운 사람일 것이다. 어쩌면 몰래 신분을 숨기고 사람들 뒤에서 직접 예수님을 관찰했을지도 모르겠다. 진실을 알고자! 그는 예수님의 많은 가르침과 행적을 듣고 이미 마음으로 예수님을 주님으로 받아들인 사람이다. 진실한 사람에겐 진실 그 자체를 알아볼 수 있는 특별한 은총이 있는 것 같다.

50년이 훌쩍 넘었다. 매일 기도하고 있다. "주님! 믿습니다. 그러나 믿음이 부족하오니 저의 믿음을 더하여 주소서."

시리아 페니키아 여인, 유머의 위력

마르 7,24-30

피곤에 지친 예수와 제자 일행이 아무도 모르게 띠로 지방의 어떤 집에 묵으러 들어가셨다. 저녁인 것 같다. 그러나 어린 딸이 더러운 영에 사로잡힌 이방인 시리아 페니키아의 여인이 들이닥쳐서 예수께 간청한다. 어린 딸에게서 귀신을 쫓아내 달라고! 예수는 뜻밖의 말씀을 하신다. "먼저 자녀들이 배불리 먹어야 합니다. 자녀들의 빵을 집어 강아지들에게 던져 주는 것은 좋지 않습니다"라고. 그러자 그 부인이 이렇게 대답한다. "주님, 그러나 상 아래에 있는 강아지들도 아이들이 먹다 떨어뜨린 부스러기는 먹습니다." 이에 예수께서 "돌아가시오. 바로 그 말 때문에 당신 딸에게서 귀신이 떠나갔습니다." 집에 도착하니 아이에게서 귀신이 떠나간 것을 알았다. 그 상황이 연극을 보듯이 눈에 그려지는 이야기다.

예수는 유머와 웃음이 많으셨던 분임이 틀림없다. 품으로 달려오는 어린이들을 심각한 얼굴로 맞이했겠는가? 따뜻한 분이시다. 시리아 페니키아 여인의 딸을 더러운 영으로부터 해방시키신 이 이야기를 보면 만면에 미소를 한껏 머금고 너털웃음으로 부인의 긴장을 무너뜨리는 예수의 유머를 접하게 된다. 예수와 제자들이 저녁식사 시간에 포도주를 한잔하고 계셨는지도 모른다. 피로와 긴장이 풀린 여유로운 남자들만의 방으로 다급한 부인이 염치 불고, 사회적 통념을 깨고 들이닥친다. 더러운 영에 사로잡힌 어린 딸을 가진 엄마! 예수와 제자들이 즉시 알아차릴 수 있는 엄마의 그 숨 막히는 애절함! 오직 한 가지 외에는 눈에 보이는 것이 없는 엄마!

"먼저 자녀들이 배불리 먹어야 해요. 자녀들의 빵을 집어 강아지들에게 던져 주는 것은 좋지 않아요." 아니! 이 방인은 개라는 말인가? 그렇게도 사람을 살리고 사랑을 외쳤던 분께서! 예수께서 어떻게 이런 말을 하셨을까? 유대인이 아닌 이방인들을 모두 개, 돼지로 여겼던 당시의 사회였지만, 평소 알고 있던 예수와는 달라도 너무 달라서 말씀 그대로는 이해하기가 몹시 힘들다.

이 일화에서는 너털웃음과 함께하는 예수의 반어법을 생각하지 않으면 이해가 안 된다. 그분의 활짝 웃는 얼굴과 웃음이 섞인 친근한 목소리로 말씀하시는 유머! 이에 긴장을 풀고 웃음 반 애걸 반, 재치있게 간청하는 여인! "주님, 그러나 상 아래에 있는 강아지들도 아이들이 먹다 떨어뜨린 부스러기는 먹잖아요!" 걱정 반 두려움 반으로 예수를 찾아온 다급한 여인이 긴장을 풀고 재치있게 응답하는 것을 보면, 그 부인은 예수의 반어법을 알아들었다. 인간 예수의 맛과 멋이 물씬 풍기는 일화다.

이 생각에 확신을 갖게 되는 이유도 있다. 예수께서는 그 여인의 믿음을 보시고 아이에게 붙은 더러운 영을 쫓은 것이 아니라, '바로 그 말 때문에' 딸에게서 귀신이 떠나갔다고 하셨다. 예수께서 치유나 구마의 기적을 행하실 때는 보통 부탁하는 당사자의 믿음을 보시고, 그 믿음이 당신을 낫게 했다고 선언하시는 것이 대부분이다. 여기서는 그 부인의 '말' 때문에 나왔다고 하신다. 유머로 재치있게 되받은 말 한마디에 예수님도 꼼짝 못 했다. 유머가 통했다. 기적이 일어났다. 엄마의 재치가 빛났다.

ABCDEFG

4

그분의 말씀을 곱씹으며······

길, 예수
하느님 만나는 길
십자가를 지고
예수길을 밟으며 걷는
하늘 좁은길
마침내 목적지, 하느님!

우리의 사명을 일깨워 주는 주님의 기도

마태 6,9-13

예수님을 보면 그의 열정에 놀라고, 그의 향기에 취하게 된다. 향기와 열정은 생명 에너지다. 생명 그 자체에서 발산하는 힘과 매력, 둘은 함께 간다. 열정은 향기를 풍기고, 향기는 열정으로 발산되며 강화된다. 그분은 사명을 깨달은 순간부터 십자가에서 죽을 때까지 초지일관, 타는 열정으로 혼신을 다해, 목숨을 걸고 사명을 수행하셨던 메시아다.

그런 분이 풍기는 향기는 말로 표현하기 어렵다. 천상천하의 모든 생명 에너지가 그분과 하나가 된 향기다. 사기를 없애고 생기를 넣어 죽은 사람까지도 살리는 생명의 향기다. 그분의 말과 행동은 마음에서 나오고, 그 마음의 양식은 기도였다. 기도는 그분의 향기와 열정이 나오는 근원이다.

제자들이 예수님께 기도를 가르쳐 달라고 했을 때, 그분은 기도의 핵심을 가르쳐 주셨다. 주님께서 기도는 자주 하셨지만 가르쳐 주신 것은 하나뿐이다. 교회의 역사 안에 좋은 기도가 수없이 많지만, 주님께서 가르쳐 주신 '주님의 기도'는 단연 백미다. 주님의 기도를 천천히 묵상하며 드릴 때, 가끔 기도의 깊은 바다를 헤엄치는 것 같은 느낌을 갖게 한다.

'주님의 기도'에는 예수의 하느님께 대한 통찰과 믿음의 목표와 행동의 원칙이 들어 있다. 하느님의 뜻과 예수께서 받은 사명이 들어 있고, 예수의 제자인 우리의 사명과 그 사명을 행할 때 필요한 하느님의 지혜와 도우심의 간구가 다 들어 있다. 더불어 생명을 보전하는 영육간의 양식을 간청하며, 서로 용서함이 얼마나 중요한지를 깨닫게 한다. 내외적으로 둘러싸여 있는 유혹과 악에 빠지지 않도록 간구하는 내용도 잊지 않으신다. 놀랍다. 조금만 더 깊이 들어가 보면 놀라움은 더욱 커진다.

주님의 기도에서 핵심은 단연, 하늘만큼 크신 하느님이다. 아니 계신 데 없이 곳곳에 다 계시며, 지금도 한 생명 한 생명이 태어날 때마다 '보니 참 좋다'고 축복하시는, 그 창조주 하느님이 우리의 아빠, 아버지이심을 고백하는 것이다. 가슴이 벅차다. 온 우주를 창조하시고 모든 자연만물의 본성으로 함께 존재하시는 아버지께 영광 올림은 마땅하다.

아버지의 나라는 아버지의 뜻이 펼쳐지는 나라, 사랑과 정의, 자유와 행복이 강물처럼 흐르는 평화의 나라다. 그 아버지의 나라가 하늘에서와 같이 이 땅에서도 이루어지도록 간구하라신다. 죽음의 다리를 건너 나의 구원이 완성될 때 누리는 하느님나라를, 이 땅에서도 이루어지도록 매 순간 기도해야 함이 그분과 제자인 우리의 사명임을 자각하도록 한다. 나뿐만 아니라 우리 모두의 구원을 위해 '저를 도구로 써주소서' 간구하라는 말씀이다.

우리의 사명은 하느님께서 다스리시는 나라를 이 땅위에 세우려고 목숨 바쳤던 스승의 사명을 완수해나가는 것이다. 너와 내가 사는 이 세상에는 사랑과 정의가 강물처럼 흘러야 한다. 그런 나라에서 사는 우리 모두가 하느님을 찬미하고 감사하는 것이 바로 구원이다. 이것이 주님의 기도에 담긴 핵심이고 우리가 눈앞에 두어야 할 목표다. 우리 모두가 이 세상에서 하느님나라에 한 발 디디고 사는 것이 우리의 사회적 구원이 아니면 무엇이겠는가?

주님의 기도문에서 끝을 조금 바꾸어야 한다고 생각한다. 하늘에서와 같이 땅에서도 '이루어지소서'가 아니라, '이루어지게 하소서.' 마태 6,10 왜냐하면 현재의 기도문은 하느님께서 다 알아서 해 달라는 기복적인 기도다. 그 나라를 만들어가야 할 우리의 사명이 희석되고, 하느님나라는 하느님이 그냥 이루어 주시는 것으로 착각, 주문처럼 입시울로 줄줄 바치는 기도가 되게 만든다.

우리가 하느님나라를 이 땅 위에 세우는 사명 수행을 위한 도움의 은총을 간구하는 주님의 기도가 현재 사용하는 기도문에서는 우리의 사명은 없고, 하느님께서 만들어 달라는 빈자의 기도가 되어 버렸다. 핵심이 사라졌다. "아버지의 뜻이 하늘에서와 같이 땅에서도 이루어지게 하소서!" 마음은 '저희를 도구로 써주소서'라고 기도해야 마땅하다.

변경하는 것도 어렵지 않다. 몇백 년을 사용하던 용어 '야훼'도 주님으로 변경했고, '사도신경'도 변경하지 않았는가? 탈출기, 참행복, 고해성사……. 주님의 기도도 아주 조금 변경할 수 있을 것이다. 마태오 복음사가가 기록한 대로…….

기도는 쉽다
마태 18,19-20

갑자기 기도에 대한 재미있는 이야기가 생각난다. 한 수녀원에 입회자는 없고 마침내 나이 든 수녀들만 남았다. 그 수녀원에서 노래로 바치는 저녁 성무일도 시간이 되면 노인 수녀들의 목소리는 거칠고 낮고 꺽꺽대고……. 기도하다가 웃고, 한숨도 쉬면서, 그렇게 지내다가 하루는 수녀들이 결정했다. "우리 한 번쯤은 돈을 주고서라도 목소리가 고운 젊은 여성을 모셔다가 아름답게 기도합시다." 드디어 그날이 왔다. 오랜만에 얼마나 아름다운 기도시간이 되었는지 눈물이 날 정도로 감동하며 성무일도를 마쳤다. 원장이 기분 좋게 잠자리에 들려고 할 때, 하느님께서 물으셨다. "수녀야. 오늘은 왜 기도를 안 하느냐?" 원장이 "하느님, 아까 정말~ 아름답게 기도했잖습니까?" "아~ 그 노래? 그건 노래지, 기도가 아니잖느냐?"

기도는 하느님과의 대화, 이야기하는 것이다. 이야기를 나눈다는 말은 내가 말하면 네가 듣고 네가 말하면 내가 듣고, 이야기를 주거니 받거니 하는 것이다. 이야기 상대가 하느님일 때 기도라고 지칭하는 것뿐이다. 기도는 아주 즐겁고 쉽다.

하느님과 무슨 이야기를? 아무거나! 어떤 주제든지!
다만 피할 것은 빈말만 되풀이하거나, 하느님께 충고하기다.
언제? 아무 때나! 할 만하면 언제나.
어디서? 어디서나! 장소는 상관이 없다.
어떻게? 아무렇게나! 내 마음 가는 대로!
어떤 자세로? 아무런 자세로나!
꿇어서, 걸어가면서, 앉아서, 누워서
세수하면서, 차를 타고 가면서
왜, 그분과 이야기하는가? 좋아서! 이유가 없다.

공동체 앞에서 기도하는 것을 어려워하는 이유는 단 한 가지, 기도하지 않기 때문이다. '너무 짧아도 안 되잖아. 난 말 못하는데. 근사하게 말해야 할 텐데. 문장의 앞뒤, 아귀는 맞아떨어져야 하는데. 창피당하면 어쩌지?' 등. 이건 하느님께 기도하는 것이 아니라, 사람들에게 자랑질하려는 것이다. 상대가 주님이 아니라 사람들에게 이야기하려는 것이기 때문에 어려워진다.

기도는 대화인데 대화의 중요한 기술은 듣는 것이 핵심이다. 마음으로 듣는 것이 중요하다. 온 정성을 다해 들을 때 좋은 대화가 성립된다. 내가 열심히 말하는데, 하품하거나, 졸거나, 딴청 부리면 올바른 대화가 되겠는가? 경청이 중요하다. 기도는 말씀드리는 것이 30퍼센트라면 70퍼센트는 하느님을 듣는 것이다. 들어야 그분의 뜻을 알 수 있지 않겠는가?

성서의 여러 곳에서 간청의 이야기도 볼 수 있다. 주님의 도움이 아니면 안 되는 경우에는 간청도 해야 한다. 예수께서는 친구를 위해 빵을 달라는 친구의 간절한 부탁과 과부의 끈질긴 간청을 예로 든다. 청하라, 찾아라,

문을 두드려라. 자식이 달라는 것을 주는 아버지에 대하여 말씀하시면서, "하늘에 계신 여러분의 아버지께서야 당신에게 청하는 이들에게 얼마나 후하게 좋은 것들을 주시겠습니까!"마태 7,11라고 하신다. 마음을 모아 믿으며 청하면 이루어 주실 것이다. "여러분 가운데서 둘이 땅에서 합심하여 청하는 것은 무슨 일이든 하늘에 계신 내 아버지께서 그들에게 이루어 주실 것"이라고도 하셨다.

또한 여러 가지로 기도를 안내한다. 기도할 때 빈말을 되풀이 말라. 아버지께서 이미 다 알고 계신다. 기도 전에 화해할 사람이 있으면 먼저 화해하고, 용서가 필요한 사람에게는 먼저 용서부터 하고 용서를 청하라. 믿음을 가지고 진실된 마음으로 기도하라. 둘이나 세 사람이 내 이름으로 구하면 들어줄 것이다 등. 그러나 불행인지 다행인지 하느님은 자동판매기가 아니다. 우리의 기도를 내치지도 않으시지만, 기도를 즉각 들어주시지 않는 경우도 많다.

전통적으로 기도의 최고 단계는 관상기도라고 교회는

가르친다. 관상기도에 대한 전문가도 많고, 책도 많다. 나는 체험을 통해 간단히 나누려 한다. 관상기도는 그냥, 하느님의 품 안에 고요히 머물며 그분을 누리는 것. 깊은 침묵 속에 그분 안에 녹아 들어가 머무는 것. 이 세상에 발 딛고 있으면서도 천상에 머무는 상태. 순간의 존재가 영원을 체험하는 상태라고나 할까?

그런 상태를 내 나름 감히 '배영'에 비길 수 있을 것도 같다. 배영은 아무 노력 없이 그냥 그분 품인 잔잔한 바다에 두둥실 떠 있는 거다. 관상은 그냥 하느님 얼굴인 하늘을 즐기면서 그분 품인 바다에 무심히 떠 있음을 누리는 상태라고나 할까? 하느님 아버지라는 바다를 두 팔로 받아안고, 그분의 품, 바다에서 시간도 멈추고 어떤 말이나 생각이 없이 마냥, 쉰다는 생각도 없이 쉬는 것, 그분을 누리는 나를 미소를 머금은 얼굴로 굽어보시는 하느님과 함께함이라고나 할까! 거저 주어지는 은총이라서 참 쉬운데 표현하자니 어렵다.

아빌라의 데레사 성녀나 십자가의 성 요한은 하느님

과 깊이 일치된 관상기도 중에 탈혼해 몸이 떠 있는 때도 있었다고 전한다. 관상기도는 벼락같은 은총으로 체험할 수도 있지만, 일반적으로는 시간을 따로 떼어놓고, 오랜 기도생활을 한 후에야 그분의 은총으로, 나의 의도와 무관하게 체험할 수 있는, 최고 단계의 기도일 것이다. 피아노를 치면서 피아노를 배우듯이 꾸준히 기도해야 될 것 같다.

항구하게 기도하는 것은 믿음과 희망과 사랑의 표현이다. "기도하며 청하는 것은 모두 받는다"마르 11,24고 하신다. 우리에게 과연 겨자씨만 한 믿음이라도 있는지?

길이신 예수

하나의 생명, 지구
하나의 길로 얽히고설킨 유기체, 세상
무수히 많은 발걸음이 만든 길
육지길, 바닷길, 하늘길
삶의 궤적이 만들어가는
나의 인생길, 너의 인생길
길, 예수
하느님 만나는 길
십자가를 지고
예수길을 밟으며 걷는
하늘 좁은 길
마침내 목적지, 하느님!

메시아의 이름, 진리

요한 14,6; 17장

진리란 무엇인가? 진리는 예수다. 예수가 진리임이 진리다. 그분은 은총과 진리로 충만하신 분이다. 그러므로 진리 자체인 예수의 모든 말씀과 모든 행동은 진리다. 이 외에 덧붙이는 것은 사족이다.

그럼에도 사족을 붙인다면, 진리는 공통된 법칙으로서 옳은 가치이며 최상의 가치다. 진리는 무엇과도 바꿀 수 없고, 바꾸면 사고체계 자체가 무너질 수도 있는 원칙이다. 사회생활 안에서는 공동선을 지향하는 불변의 원칙을 세워야 한다. 만고불변의 원칙, 움직일 수 없는 원칙이 진리가 되지만 보편적인 진리로서 원칙조차도 지역에 따라, 나라에 따라 다를 수도 있다. 예외도 있는 것이다. 북극점이나 남극점에서는 한 방향밖에 없다. 우간다의 진자Jinja에서 선교했는데 진자는 적도 위의 마을이다. 수녀원을 건축할 때 남향집을 말했더니 독일인 건축가가 말했다. "여긴 남쪽도 서쪽도 다 움직인다"고. 영원한 진리는 예수님뿐이다.

한편 종교적 진리는 과학적으로 증명해야 하는 대상이 아니고 신앙으로 믿는 진리다. 그리스도인에게는 예수 부활 사건이 그렇고, 불자에게는 윤회설이 그렇다. 그렇다고 맹목적 진리는 아니다. 사실 과학이 모든 분야의 진위를 가르는 잣대도 아니다. 신앙인은 그분이 진리임을 믿기에, 그분의 말씀도 진리로 받아들이는 것이다. 이 진리는 목숨까지도 내놓으며 기꺼이 지키는 진리다. 그리스도교에서는 신앙 진리를 위해 순교한 사례가 많다. 일반적으로 거짓을 위해 목숨을 바치지는 않는다. 성서에서 말하는 진리의 빛은 바로 메시아를 가리키는 말이다. 개신교 신학자 조철수는『예수평전』김영사, 2010에서 이렇게 말한다. "진리는 메시아의 이름"이다.

누가 독사의 족속인가?
마태 23장

예수께서 바리사이들과 율법학자들을 무섭게 질책하신다. 실상 그들은 율법이 명하는 대로 살려고 열심히 노력하는 사람들이었다. 유대인 전체가 율법을 온전히 지킬 때 비로소 메시아가 와서 시오니즘_{Zionism, 19세기 후반 성서에서 약속한 시온산으로 돌아가자는 운동}을 완성한다는 믿음을 갖고 율법을 철저히 지키며, 가르치는 사람들이었다. 바리사이나 랍비가 되려면 적어도 40여 년 토라_{율법}를 공부해야 하며, 율법의 가르침대로 살려고 끝없이 정진해야 한다. 자신에게 철두철미했던 만큼 서민들 교육에도 대단히 엄격했다.

그러나 예수는 바리사이들의 근본적인 잘못을 지적하신다. 그들은 율법을 문자 그대로는 철저하게 지켰지만 율법의 정신에는 무지했던 것이다. "너희 율사와 바리사이 위선자들아! 너희는 박하와 시라와 소회향은 십 분의 일을 바치면서 정의와 자비와 신의 같은, 율법의 가장 중요한 요소들은 저버린다." 계약의 동료인 이웃 간의 사랑과 정의와 자비는 없었다. 율법의 정신은 없고 율법주의만 있다.

예수는 그들을 '독사의 족속들'이라고 질타하셨다. 이유가 무엇일까? 행동이 따르지 않는 그들의 위선이 민중을 죽이는 독이라는 말씀일 것이다. 잔과 접시의 겉은 닦지만, 그 속에는 착취와 탐욕이 가득 차 있다고 꾸짖으신다. "그들이 여러분에게 말하는 것은 모두 행하고 지키시오. 그러나 그들의 행실을 따라 행하지는 마시오. 사실 그들은 말만 하고 행하지는 않습니다." 말은 쉽지만 행동으로 실천하기는 어렵다. 또한 열심히 산다고 해도 그 삶이 하느님 중심적이고 이웃 중심적이어야 하는데 위선자로 살기 때문이다. 예수는 위선을 아주 역겨워하신다. 루카복음 11장은 물론, 특히 마태오복음 23장에서는 저들의 위선을 낱낱이 밝히며 무섭게 질타하신다.

무엇 때문에 위선을 행할까? 자신의 선함을 드러내 보이려고 선을 행하는 것은, 가장된 선이다. 예수께서 질타하신 이유는 속은 탐욕과 사악으로 가득 차 있으면서 선의 가면을 쓰고 민중을 속이기 때문이다. 자신들의 악을 하느님으로 포장해서 사람들 위에 군림하기 때문이다. 하느님사랑과 이웃사랑 때문이 아니라 자신을 위하면서도, 마치 하느님과 이웃을 위하여 선을 행하는 것처럼 보이려 하기 때문이다.

예수는 율법학자들도 꾸중하신다. 그들은 서민이 지켜야 할 법과 규정을 만들지만, 정작 자기들은 손가락 하나 까딱하지 않고, 자기들 이익을 위해 만든 법을 하느님의 이름으로 선포하기 때문이다. 자기들의 탐욕을 덮기 위한 포장지로 하느님을 이용하는 짓을 질책하신다. 행동은 안 하고 가르치는 것만으로 율법을 지킨다는 생각을 꾸짖으신다. 거룩한 말잔치는 소용없다. 가르침을 행동으로 실행하는 구체적인 회개의 삶만이 중요하다.

그들은 왜 예수를 죽였을까?

요한 10,18

 예수는 태어날 때부터 시작해서 그의 전 생애 자체가 평범하지 않았다. 그의 공생활 시작도 남달랐다. "하느님나라가 가까이 왔다"고 외치며, 그 하느님나라를 이 땅 위에 세우고자 온 생애를 불태우셨다. 이사야 예언자의 입을 빌려 선포한 그의 사명도 그의 특별한 신원을 말해 준다. 그분의 가르침은 기쁜소식, 이스라엘 백성이 4,000년을 기다리던 메시아가 건설할 사랑과 정의의 하느님나라였다.

 그런데 기득권자들은 왜 예수를 죽였을까? 그들의 잘못을 빛 앞에 내놓았기 때문일까? 감추려는 악을 들추어

냈기 때문에? 그런 것으로는 이유가 좀 약하다. 기득권을 유지하려는 욕망 때문일까? 욕망도 무섭긴 하지만 죽이기까지야 하겠는가? 아무도 하지 못했던 일을 예수께서 하셨기 때문일까?요한 15,24 정의를 외쳤기 때문일까? 사랑을 외쳤을 때는 그분을 왕으로 모시려 했던 군중이었는데, 정의를 외쳤을 때 위협을 느낀 일부 사람들이 선동해 죽인 것일까?

예수가 기존 권력자들을 물리치고 왕이 될지 모른다는 두려움과 시기심 때문일까? 빌라도도 군중의 비위를 맞추기로 작정하고 사형선고를 내렸지만, 이 모든 것이 예수 죽음의 근본적 이유라고 하면 수긍하기 힘들다. 더군다나 인간 구원을 위한 하느님의 계획이라는 교회의 가르침은 더더욱 이해되지 않는다. 아들의 피를 부르는 하느님? 일어난 결과를 받아들인 하느님이시겠지만 계획은 아닌 것 같다. 더 근본적인 이유는 무엇일까? 사람들은 왜 예수를 죽였을까?

예수의 십자가 죽음은 그의 생애 전체에 대한 이해 없이는 납득할 수 없는 사건이다. 그의 생애 전체는 이미 죽음이 배태된 삶이었고, 죽음을 향한 삶이며 그렇게 살면 그렇게 죽을 수밖에 없는 뻔한 삶이었다. 그럼에도 예수는 분명히 말한다. "아무도 내게서 목숨을 빼앗지 못하고 내가 스스로 목숨을 내놓는 것입니다."요한 10,18 "나는 양들을 위하여 내 목숨을 내놓습니다."요한 10,15 참조

때가 되자 예수는 스스로 죽음을 맞이한다. '일어나 갑시다.' 살신성인이다. 그렇다고 하더라도 예수께서 죽으려고 작정한 것은 절대 아니다. 하느님께 처절히 부르짖으셨던 예수! 할 수만 있다면 이 잔을 치워 주소서. "어찌하여 나를 버리셨습니까?"마태 27,46 십자가 위에서도 버림받은 느낌을 받으신 예수! 그분은 하느님나라를 이 땅 위에 세우고자 매진한 것뿐인데, 사람들은 왜 예수를 죽인 것일까? 근본적인 이유는 무엇일까?

예수님은 자신의 사명이 무엇인지 알고 하느님의 뜻에 죽기까지 순명하시며 오늘도 내일도 오롯이 자기 길을 가신 분이다. 그리고 예수님은 십자가형을 받고 죽었다. 십자가는 "자기 친구들을 위해서 목숨을 내놓는 것, 그보다 더 큰 사랑은 아무도 지니지 못합니다"요한 15,13라

는 사랑의 가르침을 행동으로 보여 준 중요한 상징물이다. 십자가는 만인의 구원을 위해 자기 목숨을 대속물로 바치신 예수님의 극진한 사랑과 구원의 표상이다. 그러나 사람들이 예수님을 죽인 이유는 석연치 않다.

메시아이기에 죽임을 당하신 예수

마태 27,41-43; 마르 14,62; 요한 7,25-52

예수님은 가난하고 억눌린 자와 병자와 마귀 들린 사람, 고통받는 사람들에게는 구원자이셨다. 사회적 약자들에게는 애가 끊어지는 연민으로 한없는 사랑과 자비를 베푸셨다. 그러나 수석 사제들과 기득권자들에게는 달랐다. 예수는 세상의 권력과 재물, 명예와 교육은 물론 하느님까지 독점하고 자기들이 만든 계명을 교리로 가르치며, 하느님의 말씀을 무력하게 만드는 그들을 위선자들이라고 무섭게 책망하셨다.

기득권자들은 성전을 '강도의 소굴'로 만들고, 하늘나라에 들어가는 문까지 아예 닫아 버리고는 자신들도 들어가지 않을뿐더러 들어가려는 사람들마저 막아버리는 자들이었다. 예수는 그들에게 겉으로는 의롭게 보이지만 속으로는 위선과 범법이 가득 찬 위선자, "모기는 걸러내면서 낙타는 삼키는"마태 23,24 눈먼 길잡이, "박하와 운향과 모든 푸성귀는 십 분의 일을 바치면서 정의와 하느님 사랑은 제쳐 놓는"루카 11,42 독사의 족속들이라는 맹비난을 서슴지 않으셨다. 이러한 행적이 그분의 사형을 불러온 근본적 원인이었을까?

예수의 신원은 약 3년간 끊임없이 제기됐던 문제다. 군중들이 예수의 신원을 묻는다. "당신은 누구요?"요한 8,25 옥중의 세례자 요한도 제자를 시켜서 물었다. "당신이 오실 분이십니까?" 예수께서 응답하신다. "여러분이 듣고 보는 대로 요한에게 가서 알리시오. 소경들이 보고 절름발이들이 걸으며 나병환자들이 깨끗해지고 귀머거리들이 들으며 죽은 이들이 일으켜지고 가난한 이들이 복음을 듣습니다."마태 11,2-5 예수는 이 말씀으로 자신의 신원이 메시아임을 명백히 밝히셨다.

백성들도 예수의 신원에 대해서 예언자니 그리스도니,

의견이 분분했다. "의회 의원들은 참으로 이 사람을 그리스도로 알고 있단 말인가?"요한 7,26 유대인들은 누구든지 예수를 그리스도라고 고백하기만 하면 회당에서 추방하도록 이미 합의한 상태였다.요한 9,22 "당신은 언제까지 우리의 마음을 졸이게 하렵니까? 당신이 그리스도라면 우리에게 분명히 말하시오."요한 10,24 기득권자들도 예수의 정체를 알고자 끊임없이 노력했음을 알 수 있다. 예수를 지켜보고, 사찰도 하고, 무시도 하고, 악선전도 하고, 정탐꾼을 보내서 시험도 하고, 올가미를 씌우려 논쟁도 하며, 온갖 수단을 다 써서 예사롭지 않은 예수님을 평범한 사람으로 만들려고 무진 노력했다.

그런 와중에 기득권자들은 예수의 말씀과 행적을 수도 없이 보고 들으면서, 혹시 예수가 메시아는 아닐까 하는 의구심에 많이 시달렸을 것 같다. 예수께 일종의 두려움마저 느꼈다.마르 11,18 예수가 정말로 메시아는 아닐까? "당신이 찬양받으실 분의 아들 그리스도요?"라고 묻는 그들에게 예수님은 확고하게 대답하셨다. "내가 그입니다. 여러분은 인자가 전능하신 분의 오른편에 앉아 있는 것을 보고, 또한 하늘의 구름과 함께 오는 것을 보게 될 것입니다."마르 14,62 그들은 예수님 자신의 신원을 이보다 더 확실히 밝힐 수는 없는 말을 듣고도 애써 무시했지만······.

혹시 그가 정말 메시아는 아닌지? 그가 하느님께로부터 온 메시아가 아닐까? 정말 하느님의 아들 메시아면 어떻게 하지? 그러나 그건 도저히 있을 수 없는 일이야! 아니! 있어서는 안 되는 일이지! 우리가 지금까지 쌓아놓은 공덕이 얼만데? 우리 가문, 이 권력, 이 재산······. 아, 안 돼! 이 나라는 내 것이야. 내 나라를 지켜야 해. 그에게 넘겨줄 수는 없어. 그래! 그를 죽이자! 없애버리는 거야! 결국 기득권자들은 예수를 없애는 것이 자신들에게 이롭다는 결론은 내렸다.요한 11,50

성서에 해박한 기득권자들이 예수의 그 많은 가르침과 행적을 보고 들으며 그가 메시아임을 모를 리 없었을 것이다. 그들은 이미 예수가 누구인지를 똑똑히 알았을 것이다. 그들이 예수를 죽인 근본적 이유는 '신성모독죄' 때문이 아니라, '그분이 바로 메시아'였기 때문이라고 나는 생각한다.

"당신이 찬양받으실 분의 아들 그리스도요?"라고 묻는 수석 사제에게 예수께서 "내가 그입니다"라고 명백하게 말씀하셨다. 기득권자들은 군중이 예수를 하느님의 아들 그리스도로 믿게 될 것을 확신하고요한 11,48 위기감을 가졌던 것이 틀림없다. 마침내 수석 사제 가야파와 함께 기득권자들은 결의했다. 예수가 자신을 '하느님의 아들'이라고 했다고 고소했고, 빌라도는 죄명을 '유대인의 왕 나자렛 사람 예수'라고 붙여 그분을 사형에 처했다.

기득권자들은 예수가 그리스도임을 믿지 않으려 애썼지만 그럴수록 그분이 메시아임을 확실히 알았고, 그분이 메시아였기 때문에 오히려 그분을 죽였다고 볼 수밖에 없다. 악의 본체는 무섭다. 반전은 하느님께서 일으키셨다.

부활의 생명으로 살라는 하느님의 절대명령

2코린 4,14; 사도 2,32; 로마 4,24

　나는 부활 후의 삶에 대해서는 관심이 없다. 그것은 전적으로 하느님께 달렸기 때문이다. 이런저런 이야기를 해도 다 부질없는 헛소리다. 근거 없는 상상은 그치고 부활 후의 삶은 그냥 하느님께 맡기는 것이 적절할 것 같다. 중요한 것은 부활 사건의 의미다.

　나는 한 번도 예수 부활 교리에 대하여 의문을 가져본 적이 없었다. '예수께서 죽은 지 사흘 만에 무덤에서 부활하셨다'는 교리는 무조건적으로 믿는 절대교리였다. 그런데 언젠가부터, 예수께서 3일 만에 부활하실 거면 왜 돌아가셨지 하는 의문이 생겼다. 결국 표현이 조금 잘

못됐다는 걸 알았다. 성서의 표현을 그대로 따르면 부활 사건의 의미가 명확해진다. 예수께서 부활하신 것이 아니라, 부활은 '하느님께서 그분을 무덤에서 일으켜 세우신' 하느님 사건이다.

예수 부활은 하느님의 사건이다. 부활 사건은 하느님께서 예수를 죽음에서 '일으키시어' 친히 예수의 증인이 되어 주신 사건이며_{사도 2,36}, 예수의 삶과 가르침이 옳다는 하느님의 인증이고, 예수가 그리스도임을 천명하신 사건이다. 또한 제자들이 예수를 주님으로 따름이 옳다는 하느님의 선언이며, 예수님이 우리의 믿음과 희망임을 확증해 주신 하느님의 사건이다.

예수 부활 사건은 예수께서 보여 주신 그 길을 따라 살라는 하느님의 초대이며, 부활의 생명으로 살라는 하느님의 절대명령이다. 우리가 하느님의 아들과 딸로서 예수의 삶을 살 때 우리도 이 시대의 그리스도가 되는 것임을 확인해 준 사건이다.

하느님께서 예수를 죽음에서 일으켜 세우셨다. 예수의 가르침과 삶을 통째로 하늘로 들어 높여 주셨다. 부활 사건은 그의 죽음이 패배가 아니라 승리임을 하느님께서 선포하신 사건이다. 제자들은 예수 부활의 체험으로 그분이 메시아임을 확신하게 되었고 의문에 마침표를 찍었다. 예수는 부활하셔서 우리와 함께 계시는 영원한 현존, 임마누엘이시다.

부활을 이해하지 못했던 제자들도루카 18,34 마침내 목숨을 내놓고 세상 밖으로 나와서 스승 예수의 가르침을 전파했다. 이제 우리도 예수를 닮은 제자로서 하느님나라의 기쁜소식을 전파하며, 그분 삶을 뒤따르면 스승처럼 부활하리라는 믿음에 대한 확신을 가질 수 있게 되었다. 그래서 사도 토마스의 고백이 나의 고백이 되는 것이다. "나의 주님, 나의 하느님!"요한 20,28 이런 의미를 이해했을 때 비로소 '예수께서 부활하셨다'고 말해도 될 것 같다.

티베리아스 호숫가에서
요한 21:1-14

 창조 이래로 가장 아름다운 아침을 꼽으라면 나는 부활하신 예수께서 티베리아스 호숫가에서 제자들에게 나타나신 그 아침을 꼽고 싶다. 너무나 아름답고 감동이 넘치는 아침이다.

 예수께서 십자가상에서 죽으신 후 제자들은 두려움과 허탈감에 싸여 다락방에 숨어 있었다. 마침내 베드로가 예수께 기대하던 희망을 포기하며 고기를 잡으러 가겠다고 하자 다른 여섯 제자도 동행했다. 전통방식을 따라 밤에 고기를 잡으러 나갔으나 아무것도 못 잡은 새벽,

물가에 서 있던 어떤 남자가 "그물을 배 오른편에 던지시오" 하고 외쳤다. 기분이 썩 내키지는 않았겠지만, 그 남자 말대로 하자 그물을 끌어올릴 수 없을 정도로 많은 고기가 잡혔다. "주님이십니다!"라고 사랑받던 제자 요한이 말을 하자마자 그 즉시 베드로는 겉옷을 걸치고 호수에 뛰어들었고, 다른 제자들은 작은 배로 그물을 물가로 끌고 나왔다.

그들이 뭍에 올라오니 숯불이 있고 그 위에 생선 한 마리와 빵이 있었다. 예수께서 방금 잡은 생선 몇 마리를 가져오라고 하자 베드로와 제자들이 그물을 뭍으로 끌어올렸는데, 큰 물고기들이 백쉰세 마리나 잡혔는데도 그물은 찢어지지 않음에 놀랐다. 제자들은 이미 그분이 주님이심을 알았다. 예수께서 말씀하셨다. "와서 드시오." 그리고 그들에게 다가오시어 빵을 집어 그들에게 주고 생선도 주셨다. 이것이 예수께서 죽은 이들 가운데서 일으켜지신 후 제자들에게 나타나신 세 번째 사건이다. 눈에 보이듯이 생생한 아름다운 에피소드다.

제자들은 예전에 예수께서 '죽었다가 3일 후에는 다시 살아날 것'이라는 말씀을 들었어도 전혀 실감이 나지 않았을 것 같다.마르 9,10 경험한 적이 없으니까! 빈 무덤을 보고 스승의 시신이 없어졌음을 알았을 때는 눈앞이 캄캄했을 법하다.요한 20,9-10 예수께서 진짜 부활하셨으리라고 상상이나 했을까? 못했을 것 같다. 질겁하여 유령이 나타난 줄로 알았으니까.루카 24,37 오늘 예수께서 그들에게 나타나심으로 예수 부활하심에 대한 그들의 믿음은 확고해졌다고 본다.

여기서도 이해하기가 어려운 점이 있다. 예수께서 잡은 물고기를 몇 마리 가져오라고 하셨는데, 제자들은 우르르 몰려가서 숫자를 세고 있다. 부활하신 예수님을 만난 것보다 물고기 많이 잡힌 것이 더 신기했을까? "와서 드시오"라고 하시는데도 어떤 제자도 다가가지 않았는지, 예수께서 그들에게 가셔서 빵을 집어 들어 제자들에게 주고 생선도 주셨다.

상상해 보면, 죽으셨던 주님께서 자기들 앞에 서 계심을 가까이 본 제자들은 감히 예수님을 쳐다보지도 못하고 가까이 다가가지도 못한 채, 뭍 가장자리에 올라와서는 넋이 나가고 얼어붙은 것 같다. 순간의 존재가 영원의 존재 앞에 숨도 못 쉴 정도로 기가 멈춘 것 같다. 고기 몇 마리 가져오라는 말에 제자들은 무의식적으로 배로 갔고, 고기를 세지만 온 존재의 안테나는 예수님께 꽂혀 있다. 예수께서 손수 제자들에게 다가오셔서 빵을 집어 주고 물고기도 집어 주셨다. 그때 제자들의 마음과 느낌은 감히 헤아릴 수가 없다. 전율…….

감동이다. 부활이 생생히 살아나온다. 밤이 지나 아침이다. 어두움을 뚫고 빛이 왔다. 죽음을 넘어 부활이다. 마침내 제자들도 부활했다. 부활하신 예수님을 직접 만나지 않고서는 이런 이야기는 나올 수 없다. 세상에서 가장 아름다운 아침의 이야기다.

뒤틀린 걸 다시 뒤틀어보기!

'하느님의 창조로 존재하게 된 만인은 하느님을 위해 존재하며 언젠가는 하느님께로부터 영광 받게 될 것'임을 나는 확실하게 믿는다. 그런데 오늘 이 순간만, 나의 그 믿는 바를 뒤틀어 보고 싶다. '사람은 하느님 때문에 존재하지만, 하느님은 인간을 위해서 존재하시며 하느님은 인간으로부터 영광 받으신다.'

이상하다. 그다지 틀린 생각이 아닌 것 같다. 하느님이 우리 존재의 근원임은 객관적 진리이지만 어떤 사람이 그걸 인정하지 않으면 적어도 그 사람에게는 하느님이 존재의 근원이 못 된다. 인간이 하느님을 위해 존재하고 영광을 드리지만, 그 사실을 받아들이지 않으면 적어도 하느님은 그에게 왕따 당하시는 거다. 하느님은 기다림으로 존재하실 수밖에 없지 않은가? 하느님이 홀로 자족하시는 분이라면 왜 인간사에 개입하신 건가? 종교적 진리는 삶에서 구현되지 않으면 글 속에 갇힌 진리가 되는 것 같다. 사람이 그 진리를 인정할 때 비로소 하느님은 나의 하느님이 되시는 것이 아닐까? 어떻든 하느님과 인간의 관계는 묘하고도 질기다.

하느님은 우리 각자를 당신 모상대로 만드시고 얼을 불어넣어 주셔서 생명체가 되게 하시고, 우리의 이름을 당신 손바닥에 새기고 우리를 눈에 넣어도 아프지 않을 정도로 사랑하시는 우리의 아버지시다. 우리 모두는 그분의 분신, 사랑 덩어리, 그분의 어리고 여린 아들과 딸들이다. 이렇듯 사람은 누구나 태어날 때부터 하느님의 아들과 딸로서 품위를 갖고 태어난다. 누구나 평등하게 갖고 있는 품위! 이보다 더 좋은 것은 있을 수 없다. 하느님의 자녀로서 지니는 품위와 평등성!

하느님께서 그토록 사랑하시는 당신의 자녀들을 이

세상에 내보내셨다. 이 세상이 무엇이길래? 이 세상은 그 자체로 차고 넘치는 은총의 바다, 우주의 자궁, 하느님의 품이며 우리의 놀이터다. 놀 것, 먹을 것, 입을 것, 볼 것 등 무엇 하나 부족함이 없는 놀이터! 하늘, 땅, 해, 달, 별, 물, 바람, 나무, 꽃, 새, 온갖 동물……. 우리는 그 모든 친구와 함께 놀면 된다. 감사드리며 기쁘게 노래하고 신명나게 춤추며 행복하게 놀면 된다. 에덴동산이다. 하느님 아버지께서 천상천국에서 지상천국으로 우리를 보내신 거다.

이 놀이터에서 너와 내가 함께 놀기에 '어떻게 놀 것인가?'가 문제다. 답은 간단하다. 함께 더불어 손에 손잡고 놀면 된다. 나눔이 이웃사랑이요 배려가 사회정의실현이다. 배려하며 나누고 하느님 아버지께 감사한 마음으로 함께 행복하게 놀다가 해가 지면 집으로 돌아가면 된다. 아버지의 집으로 돌아감, 이것이 죽음이다. 죽음이 별건가? 이런 자연스럽고 자유스러운 인간의 모습과 삶이 하느님의 뜻이며 기쁨이 아니겠는가? 이것이 우리의 행복이고 구원된 삶이고 지상천국을 누리는 삶이 아니겠는가. 이제는 결코 되돌릴 수 없는 옛날을 이렇게 허망하게 회상해 보는 거다.

 결국 인간의 오만과 먹어도 먹어도 배가 고픈 불가사리 탐욕이 세상의 아름다운 질서를 뒤헝클어 놓았다. 더 많이 가지고 더 높이 오르려는 욕망과 욕심은 끝이 없다. 지상천국의 순수성을 짓밟고 말뚝을 박으며 너와 나 사이에 내 것 네 것을 가르는 수많은 넘사벽을 세워놓았다. 숨 막힌다. 무분별한 난개발로 자연을 한껏 파괴하고 사람의 품위와 평등성을 말살하면서 그 욕심을 채워가는 일부 사람들이 여기저기 바벨탑을 쌓았고, 지금 이 시간에도 계속 쌓고 있다.
 조그만 공동체부터 국가, 학교나 교회가 조직이라면 그 안에 위아래 계층이 형성되고 고위층이 기득권을 갖고 권력을 행사하면서 명령과 순종, 거만과 비굴, 아부와 질투, 거짓과 불신 등 여러 형태의 폭력과 먹고 먹히는 끔찍한 암투가 벌어지고 있다. 최고로 높은 곳에 올라가야만 행복한 건가? 과연 행복할까?

 무엇을 욕심내랴? 빈손으로 왔다가 빈손으로 돌아갈

것을! 죽을 때 '이것 하나만은 꼭 가지고 가야지' 하고 손에 꼭 쥐고 있어도 다 빼앗기고 말 텐데……. 그런 걸 모으기 위해서 평생 경쟁하고 싸우며 잡아먹고 죽이면서 일생을 허비하는 우매한 우리들! 잘난 것도 못난 것도 없고 딱히 필요한 것도 없고 필요치 않은 것도 없는데……. 그냥 선물로 주어지는 하루하루를 꼭 필요한 만큼으로 가슴 벅차게 감사히 받아서 자유롭게 춤추며 여유롭게 살면 안 될까?

우리가 행복하기 위해서 진정 필요한 것은 무엇일까? 바쁘디 바쁜 세상, 인간의 컨트롤을 넘어서 제멋대로 돌아가는 이 세상에서 가장 필요한 것은 무엇일까? 혹시 여유가 아닐까? 자신을, 자기 내면세계로 들어가 볼 수 있게 만드는 쉼이 아닐까? 하느님 앞에 물처럼, 흙처럼 철저하게 내려앉는 고요한 시간, 우리의 내면 가장 깊은 곳에 계시는 그분을 만나는 여유, 쉼이 가장 필요한 것은 아닐까?

한 끼를 먹어도 여유를 먹고 살 수는 없을까? 세상살이가 그냥 물 흐르듯 흘러가도록 내버려 두면 세상이 뒤집힐까? 게으르다고 하느님이 화내실까? 한 발 멈추고 나와 주변을 둘러보면 안 보이던 찬란한 보석들이 수없이 많이 보일 텐데……. 새로운 삶의 혁신을 위한 깨달음, 오늘이 하늘의 지혜가 가장 필요한 때인데……. 그래서 더더욱 쉼, 여유가 필요한 건 아닐까? 이미 뒤틀린 것을 이렇게 다시 뒤틀어 보는데…….

모르겠다. 이런 생각마저도 내려놓고 그냥 그분 앞에 앉아 있으련다. 인간성 회복, 인간 구원을 위해 사랑나눔과 정의배려의 모습으로 오신 예수님 안에서 홀로 영靈의 춤을 추련다.

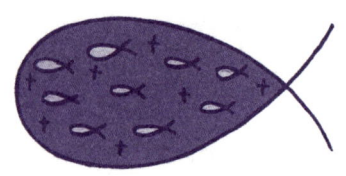

5

아빠, 아버지이신 하느님

온 존재가 눈이 될 때 생기는 제3의 눈, 지혜의 눈, 마음의 눈, 뭐라고 지칭해도 좋다. 아마도 현상계 너머 본질의 세계를 보는 눈일 것이다. 깊은 침묵 중에 나의 온 존재가 마음의 눈이 될 때 비로소 하느님을 느낌으로, 온 존재로 그분을 체험하게 될 것 같다.

찾으라, 만나 주리라
1코린 15,28

　창조된 모든 만물은 하느님의 개체적 현현이다. 하느님께서 창조하신 그 모든 것에는 그분의 지혜와 사랑, 그분의 손길과 향기가 배어 있다. 하느님께서 창조하신 그대로의 모습을 간직한 모든 것은 생물이건 무생물이건 다 거룩하고 소중하다. 그런데 정말 중요한 것은 눈에 안 보인다. 평화, 사랑, 정의, 용서, 마음, 영혼, 하느님······. 눈에 안 보인다고 존재하지 않는가? 안 보인다고 알 수 없는 건가?

　십자가의 성 요한은 "실재들 안에 현존하고 이 세상의 경험 안에 현존하는 모든 좋은 것과 아름다운 것은 하느님과 깊이 결합되어 있다"고 한다. 사도 바오로도 "하느님께서는 모든 것 안에서 모든 것"1코린 15,28이라고 알려 주신다. 꽃 한 송이, 푸른 잎사귀 하나, 나비 한 마리, 풀 한 포기에도 눈만 뜨면 그분 현존의 놀라운 체험을 할 수 있다.

구약성서는 유대에서 개인 또는 민족 전체가 공동으로 체험한 '하느님 체험 모음집'이라고 할 수 있다. 다른 말로는, 하느님께서 직접 그들의 역사 안에 개입하시어 함께 만들어간 유대의 '국사책'이다. 구약성서는 특히 하느님에 대해 수백 가지로 표현한다. 창조주이시며 주님이시고, 진실하신 분, 좋으신 분, 아름다우신 분, 거룩하신 분, 자비로우신 분, 공의로우신 분, 사랑이신 분, 우리의 아버지이시라고. 우리가 이렇게 하느님을 알고 있어도 이론일 뿐이다.

그런데 신기하게도 체험으로는 가슴에 와닿는 분이시다. 신비다. 마음만 있으면 언제, 어디서든지 만날 수 있는 하느님이시다. 하느님을 알기 위해서 가장 중요한 것은 그분을 직접 체험해야 한다. 나의 체험이 중요하다. 야훼라는 이름까지 알려 주신 그 하느님을!

어떻게 그 하느님을 만날 수 있을까? 하느님을 체험하는 길은 수만 가지일 것이다. 진정으로 사랑할 때, 진정한 사랑을 받을 때, 강한 희망 속에서와 마찬가지로 캄캄한 절망 속에서도 하느님을 체험한 사람들이 많다. 신앙 때문에 순교하신 분들은 틀림없이 먼저 하느님을 체험했기 때문에 그 길을 갈 수 있었으리라 믿는다. 내가 쉽게 하느님을 느끼는 때는 아름다움을 통해서다. 하느님께서 아름다움 그 자체로 표현되어옴을 느낄 때도 있다. 그때는 눈이 시리다. 그러나 하느님을 가장 강렬하게 만났을 때는 레위기 25장에서 희년과 희년법을 알았을 때다. 한없이 위대하시고도 지극히 섬세하신 사랑과 자비, 정의와 평화의 하느님이시다. 내 영혼에 하느님이 각인되었다.

하느님을 본 듯이 체험할 수는 있는가? 이 불완전한 눈으로 빛 자체이신 그분을 본다면 어디 눈만 멀겠는가! 하느님을 본 사람은 죽는다고 구약성서에서 말하지 않았던가?탈출 33,20 참조 그럼에도 어떻게 하느님을 본 듯이 체험할 수 있는가? 보이는 것을 통해 보이지 않는 것을 볼 수 있는 눈을 떠야 한다. 온 존재가 눈이 될 때 생기는 제3의 눈, 지혜의 눈, 마음의 눈, 뭐라고 지칭해도 좋다. 아마도 현상계 너머 본질의 세계를 보는 눈일 것이다. 깊은 침묵 중에 나의 온 존재가 마음의 눈이 될 때 비로소 하느님을 느낌으로, 온 존재로 그분을 체험하게 될 것 같다. 그분이 아니라고 절대 말할 수 없는 그분을! 마치 본 듯이 체험하게 되는 그분을!

또 한편 어쩌다가 기도 안에 깊이 침잠해 나의 내면에서 무아지경에 이르렀을 때, 언어가 끊기고 찰나이나마 시간이 멈추는 영원에 머물렀을 때, 그 순간을 깨어나고서야 비로소 알게 된다. 하느님을 체험한 은총의 시간이었다고. "나를 찾으면 나를 만나게 될 것이다"예레 29,13라고 하신 하느님을 만나고 싶은 강한 열망이 언젠가는 깊은 영적 체험으로 이어지리라 믿는다.

안식일법, 할례법과 희년법

탈출 23,10-13; 창세 17장; 레위 25,8-22

 율법은 좋은 것이다. 율법은 창조주 하느님께서 사람들이 공동선을 추구하며 서로의 생명을 살리는 길을 제시해 주신 귀한 선물이다. 그러나 율법을 운용하는 기득권자들이 그 율법을 해석하며 수많은 법과 규정을 만들어서 서민들에게 최소한의 자유만을 보장하며 족쇄를 채우는 죽음의 율법으로 만들었다. 사람이 만든 법을 하느님의 이름으로 선포하면 무서운 결과가 오는 것을 역사에서 볼 수 있다. 은총이 죽음으로 변한다. 예수께서 율법주의자들을 무섭게 질타하신 이유다.

 유대 율법 중에서도 가장 중요하게 지키는 법은 안식

일법과 할례법이다. 유대인들이 전쟁 중에도 죽음을 불사하고 지킨 안식일법이다. 단 안식일에도 허용되는 두 가지 일이 있다. 첫째는 할례요, 둘째는 생명의 탄생이다. 이 두 가지는 안식일이라고 해도 허용된다. 예수님은 그토록 철저히 안식일을 지키는 저들을 향해 목숨을 내놓고 정면으로 도전하셨다. 안식일은 사람 위에 있어서는 결코 안 되는 법, 사람을 위해서 있어야 할 법이라고. 예수께서 오랫동안 왜곡되어왔던 생명의 법, 안식일법의 정신을 되찾아 주셨다.

또한 유대인이 가장 철저히 지키는 할례법도 사도 바오로가 마음의 할례를 더 중시하며 바로잡았다. 일부 그리스도를 따르는 유대인들이, 그리스도 예수를 주님으로 받아들이는 이방인들에게도 할례를 베풀어야 한다고 주장했을 때, 바오로 사도는 겉모양의 할례보다 '마음의 할례'가 더 중요하다고 반박했다.로마 2,25-29 실상 바오로 사도도 하느님과 모세가 제정한 할례법을 본래의 정신으로 되돌려 놓은 것뿐이다.신명 10,16 그는 "예수 안에서는 할례나 비할례가 무슨 힘이 있는 것이 아니고 오직 사랑으로 행동하는 신앙이 중요하기 때문"갈라 5,6이라고 갈파

하셨다.

누구도 깨지 못하는 가장 위대한 희년은 아이러니하게도 역사적으로 한 번도 선포된 적이 없다고 한다. 이유는 희년법은 지키기가 어려워서일 것이다. 그만큼 사람은 이기적이고, 더군다나 가정이기주의를 깨기는 더 어렵다. 희년법을 지키려면 안식년법을 잘 지키며 사회정의감을 크게 키워야 한다. 안식년법을 잘 지키려면 안식일법을 잘 지켜서 자기사랑을 넘어 이웃을 사랑하는 큰 사랑을 키워야 한다. 큰 사랑이 생기면 사회정의를 세우는 데 한 걸음 앞으로 나가게 된다. 안식일법과 안식년법은 희년법을 지키기 위한 훈련법이라고 할 수 있다. 도대체 안식일법이 무엇이며 안식년법은 어떤 것인가? 희년을 알기 위하여 안식일과 안식년을 아는 것이 중요하다.

안식일은 기쁜 날, 하느님께 바친 귀한 날
탈출 20,8-11; 31,12-17

　안식일은 "나 주님이 너희를 성별하는 이라는 것을 알게 하려고, 나와 너희 사이에 대대로 세운 표징이다. 너희는 안식일을 지켜야 한다."탈출 31,13-14 안식일은 주님의 날을 거룩히 지내기 위해서 하느님의 마음과 정신을 헤아려 아는 날이다. 그래서 거룩한 날이다. "안식일을 거룩하게 지켜라. 엿새 동안 일하면서 네 할 일을 다 하여라. 그러나 이렛날은 주 너의 하느님을 위한 안식일이다. 그날 너와 너의 아들과 딸, 너의 남종과 여종, 그리고 너의 집짐승과 네 동네에 사는 이방인은 어떤 일도 해서는 안 된다."탈출 20,8-10 이는 "너희 소와 나귀가 쉬고, 너희

여종의 아들과 이방인이 숨을 돌리게 하려는 것이다."탈출 23,12 이사야 예언자가 말했듯이 '안식일은 기쁜 날, 하느님께 바친 귀한 날'이사 58,13 참조이다. 안식일은 말 그대로 쉬는 날이다. 그러나 세월이 가면서 안식일의 본정신은 사라지고, 무서운 법으로 변질되었다. 탈출기 31장이나 35장 1-3절을 보면 안식일을 지키지 않는 자는 사형시킨다. 하느님 앞에서 거룩히 지내기 위해 쉬는 날이, 지키지 않으면 죽임당하는 법으로 둔갑되었다. 유대인들은 현재도 안식일을 철저히 지킨다. 하루 벌어 하루를 살아가는 가난한 서민에게는 쉼의 축복이 때로는 저주가 되었겠다. 다 율법주의자들의 짓이다.

한편 안식일법도 역사적으로 예외가 있었다. 마카베오 상권 2장 41절을 보면 전시戰時에 안식일법을 지킬 것인지에 대해 논의한 후 결정한다. "안식일에 우리를 공격해 오는 자가 있으면, 그가 누구든 맞서 싸우자. 그래야 피신처에서 죽어 간 형제들처럼 우리가 모두 죽는 일이 없을 것이다." 예수께서도 사람이 안식일의 주인이고 안식일법도 사람을 위해서 있다고 못 박는다. 안식일의 연장선에서 생각해야 할 것이 안식년이다.

안식년, 모든 것이 재창조되는 축복의 해
레위 25,1-7

안식년The Sabbatical Year은 땅을 위한 안식의 해, 땅을 묵히는 해다. 곧 욕심 없는 세상을 위해 욕심을 버리는 해다. "내가 너희에게 주는 땅으로 너희가 들어가면, 그 땅도 주님의 안식을 지켜야 한다. …… 땅을 위한 안식의 해, 곧 주님의 안식년이다. 너희는 밭에 씨를 뿌려서도 안 되고 포도원을 가꾸어서도 안 된다. 너희가 수확한 다음에 저절로 자란 곡식을 거두어서도 안 되고, 너희가 가꾸지 않은 포도나무에 저절로 열린 포도를 따서도 안 된다."레위 25,2-5 땅은 생명의 모태이며 유지시키는 탯줄이다.

거듭거듭 상기시킨다. "안식년에 땅에서 나오는 것이 너희뿐만 아니라 너희의 남종과 여종과 품팔이꾼, 그리고 너희와 함께 머무르는 거류민의 양식이 될 것이다."레위 25,6 이웃사랑과 사회정의 실현이다. "일곱 해마다 빚을 탕감" 해 주고, "빚 때문에 종이 된 사람들을 자유로이 풀어 주라. 그러면, 세상이 화평을 이룰 것이다."신명 15,1-4 참조 소출을 일정 부분 땅에 남겨두는 것은 가축과 들짐승을 위한 것이다. 인간과 자연이 어우러져 함께 사는 세상! 이런 세상이 하느님의 꿈이 실현된 이 땅 위에 건설된 하느님나라가 아니겠는가? "가난한 이에게 줄 때에 아까워하는 마음을 갖지 말아야 한다. 그러면 이 일 때문에, 주 너희 하느님께서 너희가 하는 모든 일과 너희가 손대는 모든 것에 복을 내리실 것이다."신명 15,10 더불어 사는 사회상이다. 안식년은 너와 나, 주인과 종과 식객, 모든 짐승과 자연이 함께 사는, 살기 좋은 세상으로 재창조되는 축복의 해다.

희년과 희년법에서 만나는 하느님
레위 25장; 탈출 22,20-23,9

희년The Year of Jubilee, Yobel=염소 뿔은 어떤 해인가? 7년마다 돌아오는 안식년을 일곱 번 지난 일곱째 달 초열흘 날, 성전에서 염소 뿔을 크고 길게 불어, 온 백성에게 희년임을 선포한다. 성년이라고도 불리는 이 희년엔 특별한 희년법이 선포된다. 희년법은 50년마다 모든 백성에게 조건 없는 해방을 주고, 각자가 평등하게 새 삶을 다시 시작할 수 있도록 만드는 하느님의 위대한 개혁법이다. 이 희년법은 하느님께서 만드신 법 중에 가장 위대하고 거룩한 법으로 하느님의 마음과 뜻을 명확히 담고 있다.

바티칸 홈페이지에서 희년을 찾아보면, 교회의 가르침

을 볼 수 있다. 요약하면, 흔히 희년은 거대한 종교적 행사로서 성년이라고도 한다. 왜냐하면 시작, 전개, 끝마침이 전례로 이루어지고, 희년의 목적이 삶의 성화를 이루는 데 있기 때문이다. 대희년은 죄와 벌에 대한 용서의 해, 화해의 해다. 그러므로 대희년은 결속과 희망, 정의의 해, 형제들이 함께 기쁨과 평화 안에서 하느님께 대한 봉사를 다짐하는 해, 인류에게 생명과 은총을 가져다주는 그리스도의 해, 그리스도인의 신앙을 돈독히 하고 자선 행위와 형제적인 친교를 북돋고 민족 간의 평화를 갈구하고 기도하는 해라고 가르친다.

교회에서는 오랫동안 관심을 갖지 않고 지내다가 보니파시오 8세 교종이 1300년에 처음으로 희년을 선포했고, 이후 100년, 50년 주기로 대희년이 선포되다가 1470년 바오로 2세 교종이 교서를 발표해 25년마다 희년을 열 것을 확정 지었다. 1950년 교종 비오 12세는 희년을 선포했다. 그 목적은 기도와 회개, 그리스도와 교회에 대한 확고한 신앙을 통한 영혼의 성화 그리고 평화를 위한 활동과 성지 보호, 무신론자들을 위한 참된 신앙을 기원하고 사회정의 구현과 궁핍한 이들을 위한 구호활동을 펼치는 것이다. 1975년에 교종 바오로 6세는 희년을 선포하며 그 목적은 쇄신과 화해라고 했다. 2000년에도 대희년이 선포되었다. 그런데 성서에서는 더욱더 근본적인 희년의 정신을 가르치고 있다.

희년이 되면 나팔을 불어서 모든 주민에게 거룩한 해를 선포한다. "이 해는 너희의 희년이다!"레위 25,10 희년이 되면 모든 빚은 탕감되고, 잃었던 땅을 되찾으며, 종들은 해방되고, 죄인은 풀려난다. "너희 땅에 사는 모든 주민에게 해방을 선포하여라. …… 너희는 저마다 제 소유지를 되찾고, 저마다 자기 씨족에게 돌아가야 한다."레위 25,10 일하지 말라, 거룩히 지내기 위하여! 거룩히 지내는 것은 바로, '하느님 두려운 줄 아는 것'이다.

"옹색한 이웃은 데리고 살아라. 동족에게 억울하게 하지 말라. 규정과 법을 지키라. 그렇게 하면 열매를 양껏 먹으며 땅에서 안심하고 살 수 있으리라. 소출을 거두지 말라, 걱정하지 말라. 6년째에는 충분한 복을 내려 3년

먹을 소출을 나게 하리라. 그러면 8, 9년째 되는 해까지 묵은 것을 먹게 될 것이다. 너희는 나에게 몸 붙여 사는 식객임을 잊지 말라."레위 25,18-22. 35-36 참조

유대에서 땅을 판다는 것은 경작권만을 판다는 의미다. 땅 자체를 파는 것은 금지되어 있기 때문에, "땅은 팔았어도 되돌려 살 수 있어야 한다. 정당한 값을 주고 다시 살 수 있어야 한다." 땅의 주인은 "나, 너희의 하느님이다." 갖고 있는 모든 것은 너 자신의 것이 아니라 주님의 것이니 아낌없이 내놓고 나누라는 말이다. 완전한 사회개혁법이다. 희년에는 묶인 것은 모두 조건 없이 해방된다. 모든 주민은 공간, 땅, 매매계약 등 묶여 있는 모든 법에서 해방된다.레위 25,23-31 참조

희년은 선조들이 가나안 땅에서 처음 시작하던 그 시절 그대로, 온 백성이 새로이 사회생활을 시작하는 해다. 모든 사회 구성원이 모든 것을 원점으로 되돌리고, 새로 사회 공동생활을 시작하는 것이다. 조건 없는 자유와 해방의 법이다. 그래서 기쁨의 해, 거룩한 해다. 얼마나 멋

진 세상, 아름다운 세상, 좋은 세상, 살맛나는 세상인가! 희년의 정신대로 사는 것이 바로, 지금 바로 이 땅 위에 하느님나라를 세우고, 그 안에서 사는 것이다.

'히브리'의 어원은 유랑민, 떠돌이, 노예, 가난해진 사람들을 일컫는 HBR, 하비루에서 나왔다고 본다. 아직은 학자들의 가설 하비루는 한 국가의 국민을 지칭하는 것이 아니라, 비슷한 조건의 공동체 무리를 일컫는 말이다. 구약성서는 이 유랑민, 떠돌이 하비루들이 하나의 유대 민족국가로 발전해 가면서 야훼라는 이름의 하느님 신앙을 굳게 형성해 가는 기나긴 역사 과정의 서술, 유대 국사책이라고 볼 수 있다. 히브리인으로 불리면서…….

하비루들이 야훼의 인도로 가나안 땅을 차지하고 국가로서의 면모를 갖추려던 시초부터 너 나 할 것 없이 빈손이었던 그들은 주님께로부터 땅과 집, 소출을 평등하고 정의롭게 분배받았다.

그들은 주님이신 하느님께로부터 모든 것을 거저 받고 새로운 삶을 시작했다. 그러나 인생살이는 쉽지 않다.

세월이 흐르면서 어떤 이유로든지 히브리인들 사회에 빈부격차로 불평등이 생기고 억울함, 아픔, 눈물과 한이 생겼다. 그들이 자체적으로 해결하지 못하는 상황에서, 하느님께서 50년마다, 가나안땅에서 백성 모두가 처음 사회생활을 시작할 때와 똑같은 조건으로 되돌리라고 명령하시는 것이다. "다 제자리로 돌리라!"

희년은 별다른 일을 벌이는 해가 아니라 모든 것을 원위치로 되돌려 놓는 해다. 희년은 뒤틀린 사회생활의 모든 것이 회복되는 해다. 희년을 선포하는 이유는, 본래 우리가 해야 할 일을 하자는 것뿐이다. 희년은 과거를 향한 회귀가 아니라, 미래를 향한 힘찬 비상이다. 역사를 완성하실 하느님을 향하여, 힘차게 나아가는 하느님나라의 운동이다.

희년법에서 볼 수 있는 하느님은 위대하고 섬세하시며 사랑과 정의와 자비가 바다 같으신 분이다. 하느님은 특별히 미소한 자, 가난한 자, 고통에 울부짖는 자, 사회적 약자의 소리를 들으시고 그들을 구원하고자 구성원 모두의 행동을 촉구하시는 분이시다. 이 땅에 사는 누구든지 선인에게나 악인에게나 똑같이 햇빛을 주시고, 의인에게나 불의한 이에게나 똑같이 비를 주시는 하느님이시다. 어떤 조건에도 상관없이 모든 이에게 구원의 기회를 주시는 하느님! 이런 법을 만드신 하느님은 얼마나 좋은 분이신가?

희년법을 지키면 온 나라가 축제다, 잔치다. 얼마나 기쁘고 흥겹고, 감격적이겠는가? 온 나라가 기쁨으로 폭발할 것이다. 사랑, 정의, 평등, 평화, 행복이 강물처럼 흘러넘칠 것이다. 이것이 희년의 의미이고 희년법의 내용이다. 지금 이 땅 위에 세워지는 하느님나라이며 그 나라에서 살 수 있는 것이 나와 너 그리고 공동체의 구원이다. 그 새로운 출발점이 50년마다 선포되는 희년이다. 지키지 않아서 사장된 것 같아도 아직도 생생히 살아 움직이며 모든 법의 근간이 되는 법이다. 예수께서도 회당에서 처음으로 자신의 사명으로 희년을 선포하셨다.

하느님께서 좋아하시는 단식
이사 58,1-12; 즈카 8,18-19; 스바 3,17-18

　현재 교회에서 의무적으로 행하는 단식은 1년에 2번, 재의 수요일과 성금요일인데, 한 끼 굶고, 한 끼 먹고, 한 끼는 적게 먹는다. 이런 단식을 하느님께서 좋아하시리라고 생각하는 사람이 과연 몇 사람이나 있겠는가? 사실 이런 단식은 전혀 의미가 없다. 다이어트를 위해 몇 주간 단식도 마다하지 않는 이 시대에 하느님께서는 직접 단식하는 방법을 알려 주셨다. "내가 좋아하는 단식은 이런 것이 아니겠느냐?"

　하느님께서 좋아하시는 참된 단식이란, "불의한 결박

을 풀어 주고 멍에 줄을 끌러 주는 것. 억압받는 이들을 자유롭게 내보내고 모든 멍에를 부수어 버리는 것이다. 양식을 굶주린 이와 함께 나누고 가련하게 떠도는 이들을 집에 맞아들이는 것, 헐벗은 사람을 보면 덮어 주고 혈육을 피하여 숨지 않는 것"이며, 멍에와 삿대질과 나쁜 말을 치워버리고, 고생하는 이의 넋을 흡족하게 해 주는 것이라고 하느님께서 이사야 예언자를 통해 직접 알려 주셨다.

이렇게 단식하면 하느님께서 "너의 빛이 새벽빛처럼 터져 나오고, 주님의 영광이 네 뒤를 지켜 주신다. 네가 부르면, 나 여기 있다고 대답하겠다"고 말씀하신다. 이런 단식은 기쁨의 잔치다. 즈카리아 예언자가 이미 말했다. "단식은 기쁨과 즐거움의 때가 되고 흥겨운 축제가 되어야 한다." 굶고 얼굴 찌푸리는 때가 아니다.

단식은 굶는 것이 아니라 나누어 먹는 것이며 나눔이다. 나눔은 너와 나, 우리 모두를 구원으로 인도하는 길이다. 참된 단식을 하는 것은 즐겁고 흥겨운 잔치를 벌이는 것이며, 바로 오늘 이 자리에 하느님나라를 건설하는 일이다.

예수께서 "신랑과 함께 있을 때는 단식이란 가당치 않다. 그러나 신랑이 떠나면 그들도 단식할 것"이라고 하신다.루카 5,34-35 참조 오늘이 바로 단식의 날이며, 자비의 때요 구원의 날이다.2코린 6,2 참조 나누고 베푸는 날이 단식하는 날이며, '오늘'이다. 사실 단식의 내용은 메시아의 사명이며이사 61,1-2; 루카 4,18-19 참조, 예수의 사명루카 4,18-19과 같다. 단식은 나눔이며, 이웃사랑의 실천이고 사회정의의 실현이다. 이렇게 보면 단식은 희년법의 실천이다.

하느님께서 좋아하시는 단식을 하면 예수의 계명을 지키는 것이 된다. 이웃을 나 자신같이 사랑하는 것이며 내가 남에게서 바라는 대로 내가 해 주는 것이고 서로 발을 씻어 주는 행위에 다름 아니다. 이런 단식을 하면서 부활을 맞이하면, 부활대축일 때 주님으로부터 한 말씀 들을 것이다. "너는 나의 형제요, 자매요, 어머니다."마르 3,35 하느님께서도 "너를 두고 기뻐하며 즐거워하신다. 당신 사랑으로 너를 새롭게 해 주시고 너 때문에 환성을 올리며 기뻐하시리라. 축제의 날인 양, 그렇게 하시리라."스바 3,17-18

6

하느님나라의 표상, 교회

 교회는 세상 안에서 이 땅 위에 하느님나라를 건설해야 할 누룩이요 씨앗이다. 이런 의미에서 교회는 살아 있는 예언자다. 교회는 역사 속에 있기 때문에 사회적 문제나 정치적 문제에서 자유롭지 못하다. 사회에 문제가 있다면 교회도 함께 그 문제 해결을 위해 발 벗고 나서야 한다.

지상에 세워진 하느님나라, 초대 교회

사도 2,44-47; 4,32-37

초대 교회 공동체는 교회의 본질적 모습을 가장 잘 보여 주는 원천이다. '나를 따르라'는 예수를 믿고 따르는 소수의 사람들은 변화되었다. 그들은 가진 것을 다 버리고 욕심과 두려움에서 자유로워져서 예수의 사도로서 하느님나라를 위해 헌신하게 되었다. 예수와 함께 착취적인 사회 경제 정치 제도와, 제정일치의 교조주의적이며 율법 중심의 신앙에서 벗어나 새로운 예수 공동체를 이루었다.

초대 교회 공동체는 가진 모든 것을 공동소유로 내놓

고 모든 사람이 필요한 것을 필요한 만큼 나누어 받으며 더불어 지냈다. 한마음 한뜻이 되어 순수한 마음으로 함께 식사하며 하느님을 찬양했다. 사도들은 놀라운 기적도 나타내며 주 예수의 부활을 증언했고, 하느님의 크신 축복을 받았으며, 그들 가운데 가난한 사람은 없었다. 유대교에서 떨어져 나간 그리스도인들은 이방인 취급을 받으며 유대사회로부터 경제적, 사회적인 소외를 당했기 때문에 실질적으로는 가난했으나, 가난 때문에 당하는 수치, 모욕감, 고통과 슬픔이 없었다는 표현이겠다.

하느님께 대한 사랑의 대상은 이웃 형제들이었다. 나눔으로 서로의 궁핍을 덜어 줄 것을 권고하며 경제적 평등함을 추구해 많이 거둔 사람도 남지 않았고, 적게 거둔 사람도 모자라지 않은 공동체였다. 이웃사랑과 정의가 살아 있는 이런 공동체가 바로 하느님을 한 아버지로 모시는, 살아 있는 교회의 모습이다. 개인적 회개뿐 아니라 사회적 변화까지 당겨와서 자유와 형제애와 정의 안에서 함께 살아가는 공동체, 착취와 소외가 끝나고 모두가 섬기는 자로서 이웃을 풍요롭게 하기 위해 가난해지는 사람들의 공동체다.

이런 초대 교회의 모습은 지상에서 볼 수 있었던 하느님나라다. 하느님을 중심으로 하느님의 사랑을 믿는 새로운 사람들의 공동체, 하느님의 사랑에 희망을 둔 새로운 사람들의 공동체, 하느님의 사랑에 사랑으로 응답하는 교회 공동체다. 보다 인간적이며 사랑과 정의가 넘치고 평등·평화와 행복이 가득 찬, 교회의 본질이 살아 있는 공동체다. 서로 사랑함으로써 '하느님은 사랑'이심을 세상에 증거하는 이런 공동체는 현실에 대해 실질적인 해방과 구원의 누룩이 되는 공동체다.

교회는 그 본질이 살아 있어야 복음적이 된다. 교회는 세상 안에서 이 땅 위에 하느님나라를 건설해야 할 누룩이요 씨앗이다. 이런 의미에서 교회는 살아 있는 예언자다. 교회는 역사 속에 있기 때문에 사회적 문제나 정치적 문제에서 자유롭지 못하다. 사회에 문제가 있다면 교회도 함께 그 문제를 해결하기 위해 발 벗고 나서야 한다. 다만 교회는 사회 정치 문제를 하느님나라의 가치에 비추어, 복음적으로 해결하는 예언자인 것이다. 초대 교회는 모든 이가 정의로 허리를 두르고, 신의로 몸을 두르고, 적대적 관계가 어우러짐의 관계가 되어 바다의 물이 출렁이듯 사랑이 넘실거리고 주님을 앎으로 가득한 공동체였다.이사 11,5-9 참조 이사야가 말하는 새 하늘과 새 땅이다.

교회가 길을 잃지 않으려면

1베드 2,9-10; 에페 2,19-22

　집은 중요하다. 사람을 담는 큰 그릇이라고 볼 수 있다. 인도 선교 중에 피정하러 안잘리아쉬람에 갔었다. 벽에 아름다운 도인이 멋진 수레를 타고 달려가는 목판조각이 걸려 있었다. 고대 힌두교에서 신의 집은 수레였다. 신은 수레를 타고 자신을 부르는 사람에게로 즉시 달려간다. 불교에서도 관세음보살은 세상의 소리를 들으면서 자기 이름을 부르면 달려가 그의 기도를 들어주는 보살이다. 하느님께서도 마찬가지다. 천막과 성막으로 옮겨 다니셨고1역대 17,5-6 예수도 머리를 누일 집조차 없는 길 위의 인자였다. 예수가 거하시는 집은 사람이다. 사람들이 있는 그곳에 예수는 임마누엘로 늘 함께 계신다.

내용과 형식은 둘 다 중요하다. 생각을 나누려면 그 생각을 담을 수 있는 그릇인 글자가 필요하고, 마음을 담는 형식인 말과 행동이 필요하다. 본질인 내용을 담고 있는 한 형식은 필요하다. 교회도 내용인 본질이 있고 그 본질을 담는 형식이 있다. 교회의 형식인 제도도 필요하고 조직과 건물도 필요하다. 그럼에도 본질인 내용이 형식보다 더 중요한 것은 어쩔 수 없다. 본질이 빠지고 형식만 있으면, 그 형식은 매미껍데기와 같다. 그렇다면 교회의 본질은 무엇인가?

교회Ekklesia, Ecclesia는 회중으로 번역된다. 어원적 의미로 보면 그리스에서 '시민 공동체의 문제를 공적으로 논의하기 위해 광장에 소집된 시민들의 모임, 회중, 공공단체'를 뜻한다. 교회는 특정 지역의 거주민들로 모여진 주민 공동체다. 논의가 끝나고 각자 흩어져서 집으로 돌아가면 모였던 회중, 즉 교회는 없어진다. 교회는 사람들의 살아 있는 관계, 유기체다. 이렇게 보면 교회는 하나의 '사건'이라고나 할까? 출현하고, 없어지기도 하고, 또다

시 형성되는 '사건!'

교회의 본모습은 성서 여러 곳에서 볼 수 있다. 신명기에서는 호렙산에서 주님께서 모세를 통하여 회중에게 십계명을 말씀하시고, 그 내용을 두 돌판에 쓰셔서 모세에게 주었다고 한다. 주님 앞에 모였던 모든 회중이 바로 교회다.신명 5,1-22 호렙산에 성전이 있었던 것이 아니다. 역대기 상권 10장 3절에서는 '하느님을 예배하기 위해 모인 백성들, 무리'를 교회라고 했다. 교회의 본질은 십자가나 건물, 제도가 아니라 회중, 사람이다.

신약의 사도행전 11장 19-26절을 보면 스테파노의 순교 후 바르나바는 안티오키아로 가서 주 예수의 복음을 선포하고, 다시 타르수스로 가서 바오로를 만나 둘이 안티오키아에 와서 1년간 그곳 교회 신도와 함께 지내면서 많은 사람을 가르쳤다. 그때 기도나 가르침, 특별한 목적을 위해 모인 회중의 집회를 교회라고 했다. 바오로가 감옥에서 콜로새 신자들에게 보낸 서간 마지막 인사말에서 라오디케이아 교우들에게, 또 님파와 그 집에 모이는 교회에 안부를 부탁한다고 했다.

교회는 선택된 민족, 왕의 사제들, 거룩한 겨레이고, 하느님의 소유가 된 백성이며 신령한 집을 짓는 살아 있는 돌이다. 교회는 거룩한 사제가 되어 하느님께서 기쁘게 받으실 신령한 제사를 그리스도를 통해 드리는 하느님의 백성이다. 교회는 성도와 같은 한 시민, 하느님의 한 가족, 그리스도가 모퉁잇돌이고 사도들과 예언자들이 기초가 되어 함께 세워지는 신령한 하느님의 성전, 하느님나라의 백성이다.에페 2,20-22

코린토 전서 12장 12-31절에서 바오로 사도는 그리스도를 머리로 한 몸을 이루는 공동체가 교회라고 하며, 몸 하나에 수많은 지체가 있는 살아 있는 인간에 비유해 신비체라고 했다. 유대인, 그리스인, 종이든 자유인이든, 모두 한 성령으로 세례받아 한 몸이 되어 각각의 역할로 온몸이 조화를 이루는 살아 있는 돌, 신비한 회중이다. 교회는 하느님이 주신 각각의 은사로 그리스도 예수의 사명을 완수해간다.

제2차 바티칸공의회 문헌을 살펴보면, 교회는 원성사로써 하느님과 이루는 깊은 결합과 전 인류의 깊은 일치를 표시하고 이루어 주는 표지요, 도구다. 생명의 성령께서 교회를 항구히 거룩하게 하심으로써 신자들이 성부께로 가까이 가고 온전한 진리로 인도되며 그리스도와 일치가 완성된다. 그리스도께서 믿음과 희망과 사랑의 공동체인 교회를 조직하고 끊임없이 지탱하시며, 교회를 통해 진리와 은총을 모든 사람에게 전해 준다. 또한 교회는 그리스도의 신비체이고 볼 수 있는 집단이며, 영적 공동체이고 지상의 교회이며 동시에 천상은혜로 충만한, 인간적 요소와 신적 요소로 합성된 하나의 복잡한 실체라고 한다. 「교회헌장」, 제1장 교회의 신비

또한 교회는 세상 속에 있으면서 하느님과 세상에 의해 영향을 주고받는다. 교회는 하느님의 백성인 동시에 교계제도로 조직된 단체이며 역사를 기초로 한다. 성령께서 민중의 구체적인 삶 안에서 교회의 생명으로 살아 계시며, 하느님나라를 실현해 가신다.

세상은 하느님나라를 역사적으로 실현하는 무대이며 하느님나라가 구체화되는 장소다. 교회는 세상 안에서 하느님나라의 현존을 축하하며, 부패하고 죄악으로 얼룩진 이 세상이 하느님을 받아들여 구원의 목표로 나아가

게 하는 구원봉사의 도구요, 징표이다. 개인적 신앙이 성숙하면 사회적, 공동체적 구원을 위한 신앙과 행동으로 틀림없이 인도된다.

교회의 본질은 사람이며 예수의 이름으로 모이면 그 모임은 언제나 교회로 일컬어진다. 주님께서 직접 말씀하셨다. "둘이나 셋이 내 이름으로 모여 있는 거기 그들 가운데 나도 있습니다."마태 18,20 주님 계신 그곳이 바로 살아 있는 참교회가 아닌가? 그리스도를 통하여 하느님이 선택하시고 성령이 그들의 생명으로 살아계시며, 부활하신 그리스도 예수께서 그 안에 함께 현존하는 신앙인들의 공동체라면 언제 어디서나 주님이 거하시는 교회가 된다. 건물이든 길이든, 장소는 상관이 없다. 그러므로 교회의 본질이 드러나면 교회가 되고, 본질이 드러나지 않으면 그건 교회가 아니라 여느 기업체나 집단 중 하나일 뿐이다.2코린 2,17

만일 교회가 그 본질성을 잃으면 어떻게 될까? 마치 짠맛 잃은 소금처럼 될 것이며, 물질주의에 빠지고 기복

신앙화되고 만다. 질보다 양에 치중해 대형화, 거대화, 부자들의 교회가 된다. 개인주의적 신앙 안에 갇혀 이웃과 세상에 무관심하고, 복음적 삶보다 도덕적 삶에 매달려 독선에 만족하게 된다.

교회가 그 본질을 잃으면, 가난한 민중의 언어를 이해 못하고, 그들의 감정을 느낄 수 없으며, 그들의 눈물과 탄식을 보고 들을 수 없다. 따라서 그들의 기쁨과 위로가 되지 못해 하느님께서 기뻐하시는 교회가 되지 못한다. 교회가 그 본질을 잃으면 결코 복음적 교회가 될 수 없다. 짠맛 잃은 교회를 넘어 심지어는 세상 악의 산실이 될 수도 있다.

특히나 본질을 잃은 교회의 성직자들은 권위주의에 빠져 역할상 구분인 직책을 존재론적 차등으로 오인하고 위계질서를 신분체계로 착각해 겸손을 잃고, 주님이 주인이신데 자신이 주인 행세를 하게 된다. 거짓 주인은 교회의 본질성을 계속 죽이며, 형식주의와 율법주의에 빠져 위선적이고, 관념적이 되어 죽은 말씀으로 생명의 성령을 죽이게 마련이다.

권위주의에 빠진 성직자들은 서구 제국주의식 팽창주

의, 종교적 식민주의, 현세 기복적 재벌 종교를 지향하며, 반민중적이 된다. 그들은 사이비 종말론 종교로 변질시켜서 교회를 세상 모든 세파에서 이미 구원된 안전한 방주로 착각하도록 선전해 그릇된 신앙 집단을 만든다. 그들은 현실사회와 다른 또 하나의 교회사회를 형성해 신자들이 극단적 종교지상주의에 빠져 살아가게 한다. 본질이 왜곡된 교회는 악의 산실이자 아편일 뿐이다.

신앙생활의 길을 밝혀 준 세례자 요한
루카 3,3-14

　세례자 요한은 늘 대림 시기의 첫 번째 단골손님이다. 그는 구약의 마지막 예언자이며 신약을 여는 첫 예언자로서 오실 메시아를 맞이할 준비를 철저히 시킨 하느님의 사람이다. 그 자신이 그리스도를 향해 있고, 가르침의 핵심도 '그리스도를 보라'다. 어떤 것에도 마음을 두지 않고 오로지 그리스도를 보도록, 그분을 향하도록 외친 하느님의 소리, 광야에서 외치는 소리였다.

　마치 어릿광대 같다. 자신은 철저히 감추고, 앞으로 있을 공연을 목이 쉬도록 외치고 다니는 광대! 정작 공연이 시작될 때는 거리의 뒤안길로 사라지는 광대! 요한은 신발 끈 풀기에도 부족한 자신이라며 본인을 낮추고 오로지 '그리스도의 공연'만을 외치는 예언자다.

"죄를 용서받기 위한 회개의 세례를 받으라"는 세례자 요한에게 군중이 묻는다. "저희는 어떻게 해야 하겠습니까?" 요한은 명쾌한 답을 준다. "입을 것과 먹을 것을 나누라!" 옷은 인격이고 밥은 생명이다. 가장 비참한 죽음이 굶어 죽는 것이요, 가장 수치스러운 고문이 옷을 벗기는 것이다. 이기적인 욕심을 버리고 나누라고 한다. 헐벗고 굶주린 이웃을 돌보라는 말이다. 이웃을 돌보면서 더불어 사람답게 사는 세상을 만들라는 말이다. 이웃을 사랑하는 삶이 사람답게 사는 길이며 하느님의 길이고, 마침내 하느님과 일치되는 길이다.

세리들도 묻는다. "저희는 어떻게 해야 하겠습니까?" "할당된 것보다 더 요구하지 마시오." 법을 지키라는 말이다. 법, 규정, 규범 등 대다수 시민은 그 법을 누가, 언제 정했는지도 모른다. 그런 법들이 있는 줄도 모르고, 자신이 지키면서 사는지조차 의식하지 못하며 살아간다.

최대다수의 최대행복을 위해서 정해진 법이려니 믿고 충실히 지킨다. 일생에 한 번이라도 법을 어기겠다는 생각조차 하지 않고 살아간다.

법이 공정하고 법을 지킴에서 정의가 이루어진다면 세리공무원들은 억울함이 없는 사회 건설, 정의로운 사회 건설에 피땀을 쏟아야 한다. 공무원들이 솔선수범해서 정한 법을 지키면 사회정의는 저절로 이루어진다. 보통은 법을 아는 사람이 법을 피해 법을 어긴다. 사실 법을 알면서도 법을 지키지 않는 것은 본인 이익을 위해 직간접으로 타인을 죽이는 것과 같다. 그런 사람은 백발백중 거짓말한다. 사기꾼이다.

군인들이 물었다. "저희 경우에는 어떻게 해야 하겠습니까?" "아무도 괴롭히거나 등쳐먹지 말고 여러분의 봉급으로 만족하시오." 분노에 찬 세례자 요한의 얼굴이 떠오른다. 옛날이나 지금이나 칼총을 가진 사람은 무섭기가 마찬가지인가 보다. 칼은 힘이자 권력의 상징이다. 칼은 밖으로는 나라 영토를 지키고, 안으로는 사회치안으로 시민의 안녕을 지키기 위해서 있는 것이다. 아무도 위협

하지 말고 봉사하며 정해진 봉급에 만족하며 살라고 한다. 세 부류에게 요구한 바, 핵심은 한마디로 '욕심을 버려라'다. 욕심이 문제다. 탐욕이 악의 산실이다.

세례자 요한은 메시아를 맞이하기 위한 물의 세례를 베풀었다. 모든 악의 뿌리인 욕심을 버릴 것을 요구하며. 세례는 시작일 뿐, 세례의 은총을 완성하는 것은 구체적이고 실제적인 행동이다. 그것은 자기 공간에서 시작하는 것이고, 그때 비로소 메시아가 우리에게 올 것이라고 외친다. 행실로 증거를 보이는 삶이 중요하다.

너무나 허망한 죽음을 맞이한 세례자 요한이지만 예수님으로부터 극찬을 받았다. 세례자 요한은 어떤 예언자보다 더 훌륭하고 여자에게서 태어난 사람 중 가장 큰 사람이라고. 루카 7,26-28 대림절을 맞이해 우리도 세례자 요한에게 물어 보면 좋겠다. "우리는 어떻게 하면 좋겠습니까? 저는 어떻게 하면 좋겠습니까?" 그분의 대답은 마찬가지가 아닐까? "욕심을 버리라!" "나누라!"

나는 너에게, 너는 나에게

대림절은 하느님께서 인류 구원을 위해 보내 주실 메시아의 오심을 기다리며 그분을 맞을 준비를 하는 때다. 첫째 의미는 하느님의 아들이 사람을 찾아오시는 성탄 축제를 준비하는 때이며 두 번째 의미는 하느님의 날YOM YHWH 세상 마지막 때 다시 오실 그리스도의 재림을 기다리며 맞을 준비를 하는 때다.

2,000년 전에 이미 오셨고, 작년에도 성탄을 지냈는데, 올해도 우리는 또다시 그리스도 예수께서 오시기를 기다린다. 왜 그럴까? 우리는 이웃을 내 몸같이 사랑하며

살아가는가? 악인들끼리도 하는 그런 사랑 말고 조건 없는 이웃사랑을 실천하는가? 어떤 여건 속에서도 하느님의 현존을 믿으며 살아가는가? 혹시 우리는 임마누엘이신 하느님이 부재하시는 것처럼 사는 것은 아닐까?

우리는 구원의 기쁜소식을 이웃에게 전하는가? 용서를 주고받으며 사는가? 이 사회에서 빛과 소금의 역할을 하고 있는가? 우리는 불의를 비난하고, 정의를 선포하며 사는가? 예수님은 제사가 아니라 이웃에게 베푸는 자선과 정의를 바라시는데 나는 미사 참례만으로 만족하고 있지는 않은지? 우리가 제자의 사명을 적절히 수행하지 못하기 때문이 아닐까? 올해도 또다시 대림절을 지내는 이유는 우리 사회가 아직도 그분을 절실하게 필요로 하기 때문이 아닐까?

2,000년 전 삶의 여건이 말할 수 없이 열악했을 유대의 서민들은 더욱 간절히 메시아를 고대했을 것 같다. 유대인은 어떤 메시아를 기다렸을까? 지긋지긋한 이집트의 지배에서 유대를 해방시켰던 모세 같은 메시아? 주변 국가들보다 훨씬 더 강력한 이스라엘 국가를 세웠던 다

윗왕 같은 분? '때가 찼을 때', 더 이상 기다릴 수가 없었을 그때, 하느님께서 메시아를 보내 주셨을 터다.

마침내 그분은 우리에게 오시어 "하느님나라가 가까이 왔다. 회개하고 복음을 믿으라"고 외치신다. 온 마음과 목숨과 힘을 다해 하느님을 사랑하고, 이웃을 자기 자신처럼 사랑해 이 땅 위에 하느님나라를 세우라고 초대하신다. 예수께서 우리에게 오신 목적은, 이 땅 위에 세워지는 사랑과 정의가 강물처럼 흐르는 평화의 하느님나라 건설이다. 스승의 사명은 곧 제자의 사명이다. "내가 여러분을 택했습니다. 내가 여러분을 내세운 것은, 여러분이 떠나가서 열매를 맺고 그 열매가 남아 있도록 하려는 것"이다.요한 15,16 하느님의 아들, 딸이며 그리스도의 제자인 우리 각자는 이웃사랑과 정의를 실천함으로써 이 세상에 하느님나라를 건설하는 일꾼이 되어야 한다.

혹시 하느님나라를 이 땅 위에 건설하는 그분의 제자인 우리가 이 시대의 메시아로 부르심 받은 것은 아닐까? 내가 너에게, 너는 나에게, 우리 모두가 이웃, 특히 가난한 이웃을 위해 메시아가 되어야만 하는 사명이 있는 것은 아닐까? 대림 시기는 우리가 이 시대의 메시아성이 몸에 배도록 실천하는 기간이며, 오히려 하느님께서 우리가 작은 메시아로 변화되기를 기다리시는 기간은 아닐까? 대림 시기는 우리 각자가 하느님나라가 가까이 왔다는 기쁜소식을 전하며 그리스도의 빛을 비추는 이 시대의 예언자 또는 소금과 누룩이 되기를 기다리시며, 너도 나도 스승 메시아를 닮은 작은 메시아가 되어야 하는 기간이 아닐까?

예수 성탄, 고통받는 이들과 함께

 성탄 시기가 가까이 오면 온 세상 거리거리에 크리스마스 캐럴이 울려 퍼진다. 가슴이 뛴다. 사람들은 정성을 다해 미리미리 집 안팎을 성탄 장식으로 예쁘게 꾸미며 설레는 마음으로 예수님 맞이에 즐거워한다. 백화점 앞에는 반짝이 전구들이 수백, 수천 개씩 켜지고 사람들은 선물을 준비한다. 믿는 사람이나 안 믿는 사람에게나 성탄은 전 세계적 행사가 된 지 이미 오래다. 예수성탄대축일이 가까이 다가오면 교회에서는 대청소를 한 후, 아름답고 은은하게 또는 화려하게 아기 예수를 뉘일 구유를 꾸민다.

성탄 밤에는 모두들 아름답고 멋진 옷을 입고 즐거운 마음으로 교회로 간다. 물론 성탄의 하이라이트인 성탄 대축일 미사는 장엄하다. 성직자들의 특별강론과 함께 전례부와 성가대의 인도로 가슴이 뛰고 영혼은 춤춘다. 기쁜 마음으로 아기 예수를 맞이하고 터질 듯한 기쁨 중에 미사를 마친다. 사람들은 제대 앞에 차려진 아기 예수 앞에 무릎을 꿇고 정성을 다 바쳐 경배한다.

교회 마당에서는 다과를 나누며 서로서로 축하 인사를 나눈다. 사방에서 웃음꽃이 피고, 집으로 돌아가는 발걸음도 가볍다.

이것이 전통적으로 내려오는 성탄 축제 행사다. 중요하고 필요하다. 삶이 고달플수록 축제가 더욱 필요하다. 주님세례축일을 마지막으로 성탄 시기가 끝나면 전례 때 사용했던 모든 상징물을 곱게 상자에 넣어서 다시 1년간 창고에 보관한다. 예수 성탄의 의미는 일주일도 채 안 돼서 송년 행사와 새해맞이에 사람들의 기억 저편으로 사라진다.

다 좋은데…… 무언가 조금 아쉬운 느낌이 든다. 우

리를 위해 하느님께서 당신 아들을 세상에 보내시어 예수께서 우리 가운데 탄생하신 날! 그 메시아를 환영하며 기억하는 성탄 축제를 꼭 이렇게 보내야 할까? 대림절을 올바로 보냈다면, 예수 성탄 축제는 예수의 탄생을 기리며 동시에 이 시대의 작은 메시아로 새롭게 태어난 너와 나의 기념비적 생일인데……. 그래서 우리도 서로의 새로운 탄생을 기뻐하며 축하하고 새로 주어지는 한 해 동안도 지속적으로 메시아로서의 사명을 잘 수행할 수 있도록 서로를 축복해 주고 기도해 주는 날인데……. 이 의미가 살아날 때 비로소 성탄 전례의 모든 상징물이 의미를 갖게 될 것이고, 우리도 새로운 한 해를 이 시대의 작은 메시아로서 사명과 책임감을 가지고 생활할 텐데…….

그래서 생각해 본다. 하느님의 아들 예수 그리스도 탄생의 참된 의미가 더 잘 드러나는 좋은 축제 방법은 없을까? 그분의 탄생은 왜곡되고 뒤틀린 가치의 세상을 하느님의 뜻으로 되돌리는 시작인데……. 진정 거룩하고 신비롭고 기쁜 예수 성탄을 기리는 더 합당한 방법은 없을까? 지금까지와는 달리 조금 더 의미 있게 예수탄생 축일을 지낼 수는 없을까?

혹시 성탄 미사에 참석하는 모든 신자가 사회적 약자들과 나눌 선물을 예물로 준비해서 교회에 오면 어떨까? 미사가 끝난 후, 가족별로 또는 뿔뿔이 흩어져 어디든지 선물할 곳을 찾아 나서면? 외로운 이들, 고통받는 이들에게 희망의 빛이신 그리스도를 선물하며 예수 성탄을 함께 기뻐하면 좋지 않을까?

노숙자들을 만나는 것도 좋다. 시청 지하철역, 서울역, 잠실역……. 그 추운 12월 겨울밤, 노숙자들이 종이상자 위에서 신문지를 덮고 외롭게 누워 추위에 떨고 있는데……. 그나마 지하철역에서 쫓겨날까 봐 새우잠을 자는 노숙자들. 그들에게 따뜻한 미소와 함께 성탄의 선물을 나누면 좋을 것 같다. 연구하면 다양한 의견이 많이 나올 것 같다. 지금보다는 더욱 의미 있고 풍요로운, 살아 있는 성탄 축제를 만들 수 있었으면 좋겠다.

사회교리의 원천이신 주님

 그리스도인의 신원은 무엇일까? 세례성사로 하느님의 새로운 가족이 된 모든 그리스도인은 세 가지 임무와 권한을 받는다. 사제직, 왕직 그리고 예언직이다.

 사제직은 성직과는 조금 다르게 이해할 수 있다. 바오로 사도는 우리의 몸을 "하느님께 맞갖은 거룩한 산 제물로 바치라"고 말한다. 로마 12,1 티없이 깨끗하고 순결한 제물로 하느님께 자신을 매일 봉헌해야 하는 우리는, 우리자신의 사제다. 우리가 매일 기억하는 가족과 지인들, 우리나라와 세계 그리고 자연을 모두 하느님께 봉헌하며 축복을 비는 우리의 사제직은 그 누구도 빼앗을 수 없는 우리의 임무이며 권한이다.

왕직의 책임과 권한은 무엇일까? 우리는 하느님나라의 시민이고 성도들인 동시에 사회, 정치, 경제적 인간이며 문화적 인간이다. 우리의 왕직은 이 사회에서 사람과 자연의 생명을 살리고, 이웃사랑과 사회정의를 실현함으로써 평화로운 세상을 이루는 직책이다. 우리는 평화의 왕이 되어야 할 권리와 의무가 있다. 필연코 우리는 이 사회에서 생명, 사랑과 정의, 그리고 평화를 이루어야 한다. 그것이 이 땅 위에 하느님나라를 건설하는 일이며 확장하는 일이고 우리가 왕이 되는 길이다.

예언직은 어떤 것인가? 예언자는 하느님의 선택을 받은 사람으로 하느님의 말씀을 받아 그 시대를 읽고 식별하며 하느님의 말씀을 백성들에게 선포하는 사람이다. 예언직은 하느님의 뜻과 말씀, 사랑과 정의를 선포하며, 부정부패와 불의를 공공연히 꾸짖고, 하느님께 돌아서도록 회개를 촉구하며 하느님의 용서를 약속하고, 보이지 않는 하느님의 보이는 징표가 되는 일이다. 그리스도 예수를 주님으로 모시고 그분의 발자취를 따라 그분을 닮는 삶을 살고자 하는 그리스도인은 이 시대의 예언직을 수행하는 예언자들이다. "우리는 살거나 죽거나 주님의 것이다."로마 14,8

유대인의 구원관은 전통적으로 현세적 구원이다. 율법 613조목을 철저히 지킴으로써 구원받으며 그 징표는 인정하든 안 하든, 대다수가 갈망하는 부귀영화, 권세와 무병장수다. 율법을 지키지 않거나, 할례받지 않은 자, 이교인들, 유대인이 아닌 사람들은 원천적으로 구원받지 못한다. 세리나 목동, 백정, 피혁공과 장의사들은 구원받지 못한다. 그들은 정결례를 받지 못하거나 종교적 행사에 참석할 수 없는 여건의 직종에 종사하기 때문이다. 이것은 그 당시의 사회, 종교적 통념이었다.

율법을 지키지 않는 자들은 무조건 죄인이다. 특히 안식일법을 어기는 자들은 중죄인으로 구원받지 못한다. 율법을 지키지 않는 죄인의 징표는 죄수, 마귀 들린 자, 정신이상자, 질병을 앓는 사람들이다. 가난한 사람들과 보잘것없는 사람들은 거의 죄인처럼 취급받았다.

예수님은 이들에게 기쁜소식을 전한 것이다. 율법을 통해서 구원받는 것이 아니라, 하느님의 자비로 구원받는 것이라고. 질병이나 고통받는 것은 지은 죄에 대한 벌이 아니라고. 하느님께서는 그런 사람들에게 더 큰 자비를 베푸시며, 하느님나라를 주신다는 선언이다. 고통받는 이들에게 이보다 더 큰 기쁜소식이 있을까? 구원의 기쁜소식이다. 민중들의 환호는 우리가 상상하는 그 이상일 것이다.

사회교리의 원천은 주님이시다. 사회교리의 핵심은 이 땅 위에 하느님나라를 세우자는 것이다. 희년의 정신을 바로 세우고 희년법을 올바로 실현하면 이루어진다. 우리가 하느님나라를 세우는 것은 바로 인간성의 회복이며, 구원의 길이고, 이 세상에서 이미 하느님나라에 한 발 디디고 사는 길이기 때문이다. 이것이 예수님의 삶을 따라 사는 것이다. 어떻게 예수님을 따를 것인가? 온 마음으로, 온 영혼으로, 온 힘으로 하느님을 사랑하고 이웃을 자신처럼 사랑하는 것이 모든 번제나 친교 제사보다 낫다고 하시는 예수님의 말씀대로 사는 것이다.

프란치스코 교종은 우리의 영적 생활과 함께 정신적 생활은 우리의 육체와 자연, 모든 피조물과 무관하게 분리되지 않으며 이 모든 것 안에서 그것들과 친교를 이루며 살아갈 수밖에 없는 존재임을 상기시킨다. 우리 모두가 하나의 생명유기체다. 그러므로 누구도 하느님으로부터 풀 한 포기에 이르기까지 무관하지 않고, 숨을 쉬는 한, 죽어서까지도 이 관계망을 벗어날 도리가 없다고 하신다. 이웃을 사랑하는 것은 기도에 따른 행동이라고 강조하시며 기도로 주님의 은총을 입고, 주님과 함께 이웃사랑을 행동으로 실천하라고 하신다.

하느님 안에서 우리는 삶의 테두리인 가정과 이웃사회, 특히 사회적 약자와 세상을 돌보고, 더불어 자연 생태를 가꾸고 보존할 책임을 지니고 있음을 깊이 깨달아야 한다. 자연 생태 파괴는 필연적으로 인간 세상을 파괴하고야 만다. 자연도 자연스럽게 존재할 때 인간세계도 존재할 수 있다. 자연을 사랑하고 지키며 배려하는 것은 근본적으로는 사회적이며 정치적인 것이 된다. 자연에 대한 사랑과 사회 공동선을 위한 헌신은 정의의 실현이며 애덕이다.

나눔으로 이웃사랑을 실천하는 것이 그리스도인의 의무다. 할 수 없는 일이 있는가 하면, 할 수 있는 일이 있고, 또한 우선적으로 해야만 하는 일이 있다. 혼자 할 수 있는 일이 있는가 하면, 연대가 필요한 일도 있다. 가진 것을 모두 팔아 가난한 사람들과 나누는 것은 어렵겠지만 욕심을 버리고 나눌 수 있는 것은 나누며 살자는 것이다. 행동하는 신앙이 중요하다.

7

그분을 닮는 지름길

깨달은 사람들이 모여 이웃을 사랑하면 바로 그 자리가 하느님나라요, 사회로 점차 확대해 나간다면 하느님나라가 그만큼 확장되는 것이다. 그 나라가 커지면 하느님이 커지는 것이고, 그만큼 그분을 알게 되는 기회가 많아진다. 요원했던 영원한 생명의 길이 가까이 열리게 된다.

회개와 십자가

 가끔 나 자신에게 묻는다. "요즈음 내가 원하는 것이 뭐지?" 예수께서 가끔 나에게 물으신다. "무엇이 필요하니?" "넉넉해요, 주님! 감사할 따름입니다" 하면서도 나의 소망을 말씀드리면 예수께서 종종 이렇게 말씀하신다. "네가 청하는 것이 무엇인지 알고는 있니?"
 한때 생활이 너무 바빠 돌아가서 주님께 좀 쉬고 싶다는 말을 입에 달고 지낸 적이 있었다. 그렇게 지내던 중, 바라던 선교를 나가게 되었다. 인도의 작은 시골에 있는 우리 수녀원. 초창기였기 때문에 시작한 사도직이 따로 없어서 수녀원 내의 잡다한 일을 주어지는 대로 열심히

했다. 하지만 어느 날부터인가 세월을 낭비하는 것처럼 느껴지기 시작했다. 하루는 성당에 앉아 주님께 투덜대다가 깨달았다. 아차! 눈에서 번쩍, 섬광이 지나갔다. 쉬고 싶다는 내 기도를 잊지 않으시고 주님께서 이런 방식으로 들어주시는구나!

주님께서는 근원적 문제를 생각하시는 것 같다. 너는 무엇을 위해 사는가? 너의 인생의 목적은 무엇인가? 네가 지금 원하는 바가 너의 인생의 목적에 부합한 것이냐? 예수께서 또 이렇게 말씀하신다. 네가 청할 것은 오직 하나! 이웃사랑과 사회정의 구현을 위해 필요한 은총을 구하는 것. 그에 따라 행동하는 것이 이 땅 위에 하느님나라를 건설하는 것이며, 영원한 생명을 얻는 길이고 구원받는 길이라고. 그 출발점은 항상 나로부터 시작되는 것이라고…….

회개는 예수 그리스도께로 돌아가는 것이다. 지금 걷고 있는 나의 길에서 돌아서 주님께로 가는 것이다. 회개는 나의 신념, 가치관, 능력과 내 마음을 주님께로 돌리는 것이다. 마음을 바꾸는 것은 사실 어렵다. 마음만 먹으면 바꿀 수도 있지만, 대개는 죽을 똥을 싸야 마음을 바꿀 수 있다. 그래서 용서하기도 쉽지 않고 원수를 사랑하는 것은 거의 불가능에 가깝다. 회개의 삶은 나의 안테나를 예수님께 맞추고 십자가를 짊어지고 그분을 뒤따르는 것이다.

사실 십자가는 형틀이다. 나를 매달아 죽이는 혐오스러운 형틀이다. 이사악처럼 자기를 태울 장작을 짊어지고 산으로 오르는 것과 같다. 십자가는 무엇을 말하는 것일까? 제자들에게 주신 사명을 수행함에 따르는 어려움과 고통을 의미하는 것이 아닐까? 하느님의 뜻이 왜곡된 이 기존 사회에서 하느님나라 건설에 따르는 모든 어려움을 말하는 것이 아닐까? 이 시대에 새 포도주를 담을 새 가죽부대를 만드는 하느님의 일은 가히 목숨을 내놓는 일일 것 같다. 어렵지만 그 십자가를 지고 지금여기 이 자리에서 조금이라도 하느님나라를 건설하는 사람이 훗날 하느님나라에서 온전한 부활의 생명으로 살게 될 것 같다. 이걸 깨닫고 산다면 십자가는 나를 구원하는 복음의 도구가 될 것이다.1코린 1,18

"지금이야말로 알맞은 때이며, 구원의 날"2코린 6,2이다. 오늘도 하느님은 "귀를 기울이고 나에게로 오라"이사 55,3

고 호소하신다. "돌 심장을 도려내고 살 심장을 받으라" 집회 17,16 참조 하신다. 새 마음을 먹고 새 뜻을 품으라고. 회개하여 "하늘의 아버지께서 완전하신 것같이 여러분도 완전"한 사람이 되라고 하신다.마태 5,48 "아버지의 뜻이 하늘에서와 같이 땅에서도 이루어지게 하소서."마태 6,10

나의 구원, 우리의 구원

　바다와 파도, 파도와 바다는 본질적으로 하나다. 파도도 바다다. 바다는 하느님이시고 나는 파도다. 당연하다. 그런데 이상하다. 바다와 파도는 하나인데도 하느님은 파도이고 나는 바다라고 하면 너무나 어색할 뿐 아니라 무엄하다고 느껴진다. 언어의 장난일까? 사고思考의 습관일까? 하느님께로부터 나온 나는 하느님과 본질적으로 하나일 텐데 '내가 하느님과 일치'된다고 하면 마음이 편안한데 '하느님이 나와 일치'된다고 하면 편치 않다. 왜 그럴까? 나만 그런가?

구원! 먼저 나의 개인적 구원을 생각한다. 나는 내 안에 하느님의 본성이 있음을 믿는다. 나의 본성은 하느님이다. 포도나무의 뿌리와 줄기, 잎, 꽃과 열매는 떼려야 뗄 수 없는 하나의 생명 유기체다. 나의 본성인 하느님과 나 자신이 온전히 하나가 되는 순수 영의 상태로 되돌아감이 구원이 아닐까?

하느님의 모상을 닮은 나! 내 마음 가장 깊은 곳에 하느님 본성이 있고, 하느님 본성의 표현이 내 마음이고, 내 마음의 표현이 지금의 영육이 혼합된 존재로서의 나다. 지금은 하느님의 본성이 내 마음에 갇혀 있고 내 마음이 이 육체 안에 갇혀 있지만, 이 육체를 벗어나고 내 마음까지 찢어지는 날, 참 나가 해방되는 날! 그날 나는 하느님과 온전히 일체가 될 것이다. 하느님과 나는 원래부터 하나이니까. 그것이 나의 구원이라고 믿는다.

공동체적 구원, 사회적 구원은 어떻게 이해해야 할까? 어떤 상태를 우리 모두의 구원적 삶이라고 말할 수 있을까? 희년법을 지키면 이루어진다. 희년법을 지키면 하느님께서 계획하셨던 꿈인, 사랑과 정의가 강물처럼 흐르는 평화의 하느님나라가 이 땅 위에 세워진다. 그런 나라에서 사는 것 자체가 사회 구성원 전체의 구원적 삶이 아니겠는가?

우리가 기득권을 내려놓고 사회 경제적 평등을 이루어 모두가 기쁘게 살아가는 평화로운 세상이 '에덴동산'이며, 그런 세상에서 살아가는 것이 구원적 삶이 아닐까? 희년법을 지킴으로 이 땅 위에 세워지는 하느님나라에서 사는 것이 사회적 구원일 텐데……. 하느님께서 구원을 완성시켜 주시는 그날까지는!

평화로운 세상을 위해 사회의 기득권자들과 기업인들이 그 기득권을 내려놓고 나누는 삶을 살아가는 것은 현실적으로 불가능한 일일까?

영원한 생명은 온전한 은총
요한 17,3

영원한 생명이란 오직 한 분의 참된 하느님이신 아버지를 알고 아버지께서 파견하신 예수 그리스도를 아는 것이라고 사도 요한께서 알려 주셨다. 여기서 안다는 말은 그냥 지식으로 아는 것이 아니라 '깨달음'을 의미한다. 하느님이 우리 아버지이시고 예수가 그리스도임을 깨닫는 것 자체로 영원한 생명이신 하느님과 일치가 된다는 말이다. 실상 깨달음 자체는 목표의 이룸이다. 예수님은 보아야 할 것을 보았으면서도 깨닫지 못하는 제자들을 안타깝게 꾸짖으신다. 마르 8,17-18.21

예수님을 아는 가장 확실한 방법은 예수체험이다. 세

례자 요한의 두 제자가 '저분이 하느님의 어린양'이라는 말을 듣고는 예수님을 따라나섰다. 예수께서 물었다. "당신들은 무엇을 찾고 있소?" "어디에 머물고 계십니까? 당신은 누구십니까?" 예수께서 직접 체험하도록 초대하신다. "와서 보시오."마르 1,36-39 제자들은 그날 예수님과 함께 지내며 그분이 누구인지를 알게 된 후 예수운동공동체에 합류한다. 체험으로 알아지는 그분이다.

예수님이 누구신지를 깨달은 제자들은 가진 것 모두를 버리고 기꺼이 예수님을 따라나선다. 예수운동의 목표는 평화의 하느님나라를 이 땅 위에 건설하는 것이다. 목숨을 내놓고 일생을 함께하는 운동이다. 놀라운 일이다. 아니 놀라운 일이 아닐 수도 있다. 깨달으면 당연한 일인지도 모른다. 정말 깨우치면 행동은 저절로 따라오니까!

하느님을 알려면 그분을 보는 눈, 영적인 눈을 떠야 한다. 그 눈은 어떻게 뜰 수 있는 걸까? 간절한 소망을 가지고 예수님과 함께 하느님을 찾아 나설 때 은총으로 가능할 것 같다. 성서는 말한다. "만나 뵐 수 있을 때에 주님을 찾아라. 가까이 계실 때에 그분을 불러라."이사 55,6 그분은 숨어 계시지만 찾으면 당신을 드러내 보여 주시는 분이다. 애타게 간절히 찾으면 그분은 자신을 나타내 보이신다.

너와 내가 그리스도를 머리로 하는 한 가족, 신비체임을 깨닫기만 하면 너도 나도 하느님의 아들, 딸, 이 시대의 작은 예수다. 깨달은 사람들이 모여 이웃을 사랑하면 바로 그 자리가 하느님나라요, 사회로 점차 확대해 나간다면 하느님나라가 그만큼 확장되는 것이다. 그 나라가 커지면 하느님이 커지는 것이고, 그만큼 그분을 알게 되는 기회가 많아진다. 요원했던 영원한 생명의 길이 가까이 열리게 된다. 언어로는 표현하기가 불가능한 영원한 생명의 길이……. 온전히 은총이다.

그리스도인의 기쁨
이사 49,13

　기쁨은 하느님의 선물이다. 그리스도인의 특징 중 하나는 기쁨이다. 예수님과 함께하면 끊임없이 기쁨이 솟아난다. 모든 피조물도 함께 기쁨으로 소리친다. "하늘아, 환성을 올려라. 땅아, 기뻐 뛰어라. 산들아, 기뻐 소리쳐라." 우리가 기쁨 중에 있을 때 하느님께서도 그 기쁨에 동참하신다. "주 너의 하느님, 승리의 용사께서 네 한가운데에 계시다. 그분께서 너를 두고 기뻐하며 즐거워하신다. 당신 사랑으로 너를 새롭게 해 주시고 너 때문에 환성을 올리며 기뻐하시리라."스바 3,17 하느님께서 구원의 기쁨이 넘치는 잔치 한가운데에 당신 백성과 함께 계신다.

성모 마리아도 기쁨에 겨워 고백하신다. "내 영이 내 구원자 하느님을 반겨 신명났거니."루카 1,47 예수님도 "내 기쁨이 여러분 안에 있고 또한 여러분의 기쁨이 가득 차게 하려는 것"요한 15,11이라고 제자들을 위로하신다. "슬퍼하겠지만, 여러분의 슬픔은 기쁨으로 바뀌게 될 것"요한 16,20이라고. "내가 다시 여러분을 보게 되면 여러분의 마음이 기뻐하게 될 것이고 그 기쁨을 아무도 여러분에게서 빼앗지 못합니다"요한 16,22라고 확실하게 약속하신다.

예수를 만난 사람들은 복음의 기쁨으로 가득 채워진다. 제자들은 가는 곳마다 큰 기쁨이 넘쳤다고 하고, 사도들은 박해를 받으면서도 기쁨으로 가득 차 있었다고 고백한다. 세례받은 이방인 내시도 "기뻐하면서 제 갈 길"사도 8,39을 갔고. 세례받은 간수도 온 집안과 더불어 기뻐했다고 전한다. 그리스도를 만난 사람들이 모두 기뻐하는 것을 볼 수 있다.

프란치스코 교종의 권고 제목도 '복음의 기쁨'이요, 내용도 기쁨이다. 그리스도인은 "기쁨을 나누는 사람, 아름다운 전망을 보여 주는 사람, 그리고 풍요로운 잔치에 다른 이들을 초대하는 사람"이다.『복음의 기쁨』14항 이런 사람은 개인적으로 이미 구원받은 사람이다. 예수님으로 말미암은 기쁨의 샘이 그 마음에 있고 그 기쁨을 나누는 사람들은 이미 지금 이곳에서 구원받은 삶을 사는 사람들이다. 그들은 하느님나라에 이미 한 발 디디고 사는 사람들이며 그 나라를 확장하는 사도들이다.

부활하신 예수님을 만난 기쁨이 우리 기쁨의 원천인가? 만나는 사람들에게도 그 기쁨이 전파되는가? 어떤 조건에서도 주님으로 말미암은 기쁨을 간직하는 사람은 올바른 신앙생활을 하고 있다는 중요한 징표다. 우리 기쁨의 원천이신 주님!

행동하는 믿음

믿음이란 무엇인가? 믿음은 주님을 만나는 시작부터 끝까지 주님의 은총이다. 나를 따르라는 주님께 "예"라고 응답한 사람은, '길이요 진리요, 생명이신 그리스도' 안에 계시된 '사랑과 정의의 하느님'께 전적으로 자신을 내어 맡기는 삶을 살기로 의지적 결단을 내린 사람이다. 그런 사람을 그리스도인이라고 부른다.

항구하게 기도하는 것은 믿음과 희망과 사랑의 표현이다. 진정 무엇을 믿는다는 건가? 주께서 우리 가운데, 우리와 함께 계신다는 것을 믿는 것이 아닐까? 믿음의 핵심은 그분이 우리와 함께 계시는 임마누엘이심을 믿는 것이다. 그분이 지금여기 우리와 함께, 우리 가운데 계심을 믿는 것! 이것을 깨달으면, 삶이 달라질 것이다.

"기도하며 청하는 것은 모두 받는다고 믿으시오. 그러면 여러분에게 그대로 이루어질 것입니다."마르 11,24 도대체 무엇을 청할 것인가? 예수께서는 "하느님나라와 그분의 의로움을 찾으면 그 외의 모든 것은 곁들여 받게 될 것"마태 6,33이라고 하신다. 하느님나라가 도래하기를! 하느님의 의로움이 무슨 의미인지를 깨닫기를! 하늘아버지의 뜻이 이루어지기를 청하라신다. 예언자 미카가 선언한다. 하느님이 함께함으로써 다가오는 불행으로부터 우리를 보호해 줄 것이라는 마술적 믿음은 틀린 것이라고.미카 3,11-12 오히려 하느님의 요구가 무엇인지 알고 실천하는 것이 진정한 믿음이라고!

예수께서 제자들을 파견하시며 주신 제자의 사명은 예수님의 사명과 같다. 수행할 수 있기에 명하신 것이겠다.

> 이스라엘 가문의 잃은 양들에게로 가시오.
> 가서 하늘나라가 다가왔다고 말하며 선포하시오.
> 병든 이들은 고쳐 주고 죽은 이들은 일으키며
> 나병환자들은 깨끗이해 주고 귀신들은 쫓아내시오.

여러분은 거저 받았으니 거저 주시오. 마태 10,6-8

놀랍지 않은가? 그분을 따르는 제자들이라면 이 시대의 메시아가 되어야 한다는 말씀으로 이해된다. 행동하는 신앙이 중요한 이유다.

"내가 여러분에게 명하는 것을 행하면 여러분은 나의 친구들입니다." 요한 15,14 "누구든지 나를 사랑하면 내 말을 지킬 것입니다." 요한 14,23 주님은 재차 당부하신다. "내가 여러분을 택하여 내세운 것입니다. 가서 열매를 맺으십시오." 요한 15,16 참조 "실천하는 사람들이 축복받는다." 마태 7,21 참조; 야고 1,22 참조 "내가 바라는 것은 제사가 아니라 이웃에게 베푸는 자선/정의이다." "너도 네 동료에게 자비를 베풀었어야 할 것이 아니냐?" 마태 9,13 참조 행동하는 믿음의 강조다.

야고보 사도는 물론, 세례자 요한도 회개의 합당한 열매를 맺으라고, 행동으로 표현되는 신앙을 강조했다. 사도 베드로도 "그리스도께서도 여러분을 위하여 고난을 당하셨고 당신의 발자취를 따르도록 여러분에게 본보기를 남겨 주셨습니다" 1베드 2,21 라고 행동을 강조하신다. 행동하는 믿음만이 살아 있는 진정한 믿음이다.

청빈과 가난
마태 19,21

청빈과 가난은 다르다. 자발적 가난인 청빈은 덕에 속하며 어쩔 수 없이 처해진 가난과 대비된다. 물질적인 가난은 현실적으로 많은 고통을 야기한다. 쉽게 인간의 품위를 빼앗고 비인간화하는 원인이 되기도 하고 자기실현을 위한 기회조차 가질 수 없게 된다. 때아닌 죽음까지도 맞이할 수 있고, 전쟁의 원인이 되기도 한다.

성서에서 가난이나 가난한 사람에 대한 표현을 여러 곳에서 볼 수 있다. 곤궁한 자, 보잘것없는 자, 비천한 자, 몸을 수그리고 다니는 자, 우는 자, 시달리는 자, 지배당하는 자, 억눌린 자, 호소하는 자, 억울한 자, 시든 자, 구

그분을 닮는 지름길 251

차한 자, 기를 못 펴는 자, 힘없는 자, 천덕꾸러기, 미소한 자, 업신여김받는 자 등 비슷한 단어가 끝없다. 가난은 고통을 준다. 전 세계가 손을 맞잡고 퇴치해야 할 악이다. 무관심이 더 큰 악이다.

청빈한 삶! 청빈은 마음뿐 아니라 물질적으로도 가난한 자로 살겠다는 의지와 행동의 표현이다. 자발적으로 소유와 소유욕을 포기하는 것이다. 청빈의 삶은 확실한 소신 없이는 거의 불가능하다. 그만큼 인간은 욕심에서 벗어나기가 어렵다. 청빈의 삶이 맺는 열매는 특별한 자유다. 의식주의 일차적 굴레에서 거의 해방되고, 세상의 어떤 것에도 집착하지 않고 세속적인 것에서 해방되어 참 자유인이 된다. 이런 삶을 사는 사람들은 그 자체로 소유욕과 탐욕의 노예가 되어가는 현대인들을 각성시켜준다. 청빈한 사람은 존재 자체로 함께 사용해야 할 우주의 모든 자원, 물질과 능력의 가치를 바로 세워준다. 일부에게는 바보나 괴짜로 치부되겠지만, 누구나 할 수는 있지만 아무나 못하는 자유인의 삶이다.

종교인의 청빈한 삶도 마찬가지다. 일반인의 청빈과 한 가지 다른 점은, 갖고 있는 소신이 하늘의 은총으로 신앙이 되어 이 세상에서 오는 안정성을 포기하고, 물질적인 것뿐 아니라 마음과 정신까지도 하느님 뜻에 맡기고, 빈 마음이 되는 것을 지향한다는 점이다. 모든 것은 하느님께로부터 온다는 주님의 말씀을 믿고 의지하며 하느님께 철저히 의탁하는 삶이다.

청빈하게 살면 주님께서 기적을 일으키신다. 남을 섬기기 위한 자유인으로서 오히려 필요한 모든 것을 갖게 된다. "슬퍼하는 자 같으나 늘 기뻐합니다. 가난한 자 같으나 많은 이를 부요하게 합니다. 아무것도 갖지 않은 자 같으나 모든 것을 차지하고 있습니다." 2코린 6,10 역설적이지만 실제로 이런 기적이 일어난다.

수단인 청빈덕은 무엇을 위한 삶인가? 소유욕에서 해방된 자유와 필요한 모든 것을 차지하게 된 청빈의 목적은 무엇인가? 청빈한 삶의 목적은 주님께서 주시는 이 자유와 부로 주님이 주신 사명에 전적으로 투신하는 것이다. 이 시대의 작은 예수로서 이웃을 섬기는 삶을 사는 것이다. 청빈은 사도 바오로와 같이 하느님의 참 자녀의 모습으로 온전히 자신을 내놓아 이웃을 섬기는 자발적 종이 될 수 있게 하는 수단이다. 청빈한 삶은 그리스도 예수의 삶을 뒤따르며 사랑과 정의가 강물처럼 흐르는 평화의 하느님나라를 지금 이 자리에 세우기 위함이다. 청빈한 삶은 우리 시대에 작은 그리스도로서 살 수 있도록 준비시켜 주는 수단이다.

봉사, 서로에게 주는 선물

 봉사의 의미는 한마디로 표현한다면 자비심으로 상대의 필요를 채워 주는 행위라고 볼 수 있다. 무언가 부족함으로 고통받는 사람의 필요를 사랑하는 마음으로 충당해 주는 일이다. 봉사는 과연 주기만 하는 것인가? 아니다! 돈으로 살 수 없는 엄청난 보답을 즉시 받는다. 따뜻한 미소, 감사하는 마음, 축복을 비는 말, 선한 마음이다. 내 마음에 기쁨이 솟기도 하고, 맑아지기도 한다. 이런 의미에서 봉사는 나눔이다.

 인간은 100퍼센트 완전한 사람도, 100퍼센트 불완전한 사람도 없다. 서로 나눔을 통해서 완전한 사람이 되어가는 존재다. 말이 마음에서 나오고 행동도 결국 마음에서 나온다면 봉사는 마음을 나누는 것이다. 무엇을 나누든지 나눔은 마음을 나누는 것이다.

봉사정신은 단순하다. 두 가지만 알면 된다. 첫째는 오른손이 한 것을 왼손이 모르게 하라.마태 6,3 참조 남을 도와주었으면 즉시 잊어 버리라. 자기만족이 있을 수는 있지만, 자기과시하며 사진을 찍고 떠들어대지 말라. 둘째는 동체대비사상同體大悲思想이다. 이웃을 내 몸같이 사랑하는 마음으로 봉사하라. 상대를 사랑하는 마음, 연민의 정, 자비심으로 봉사하라.

불교에서는 돈이 없어도 남에게 베풀 수 있는 무재칠시無財七施가 있다. 부드럽고 편안한 눈빛으로 사람을 대하는 안시眼施, 자비롭고 미소 띤 얼굴로 사람을 대하는 화안시和顔施, 공손하고 아름다운 말로 사람을 대하는 언시言施, 예의 바르고 친절하게 사람을 대하는 신시身施, 착하고 어진 마음으로 사람을 대하는 심시心施, 다른 사람에게 자리를 양보하는 상좌시床座施, 잘 곳이 없는 사람들을 재워 주는 방사시房舍施이다. 가진 것 없는 누구라도, 어디에서나 아무 때나 무재칠시 중 어느 것 하나라도 항상 실행하며 살고 있다. 나눔이 이루어지는 곳에 기쁨과 웃음이 있다. 웃는 얼굴이 예쁘기도 하지만 웃음소리는 하늘의 음악이라고도 한다. 웃음소리는 듣기만 해도 유쾌해지고 마음을 춤추게 한다. 나눔은 자기 비움이고 자비와 사랑이요, 역설적이게도 비움은 새로운 창조의 원동력이다.

고대 그리스에서는 사랑을 다양하게 구분하는데, 그중 대표적인 것이 에로스Eros, 필리아Philia, 그리고 아가페Agape다. 보이지 않는 사랑의 보이는 결정체가 생명이다. 에로스는 생명력 그 자체이며 근원적이고 본능적인 사랑이기 때문에 매우 소중하다. 모두가 존중하고 아끼고 지켜 주어야 할 사랑이다. 에로스가 상처를 받으면 본인뿐 아니라 그 가족과 지인까지도 평생 극심한 트라우마를 겪는다. 그래서 성폭력이나 성추행은 결코 있어서는 안 되는 최악이다. 필리아는 조건적이고 도덕적인 사랑을 의미하며, 또한 친구 간의 우애로서 상대가 잘되기를 바라는 순수한 마음이요, 친구 간의 독특한 우정을 뜻한다. 아가페는 조건 없는 헌신적인 사랑이다. 예수께서 사랑하셨던 그 사랑이 아가페다. 자신을 기꺼이 희생함으로써 드러나는 이타적 사랑이다.

예수는 사랑에 대해서 세 단계로 가르쳤다. 자기사랑은 본능적이기 때문인지 따로 언급하신 것은 없다. 첫째는 "네 이웃을 네 자신처럼 사랑하라"마르 12,31는 계명이다. '이웃은 바로 나'라는 동체대비의 사랑이다. 나는 너, 너는 나다. 현실적으로는 이 첫 단계의 실천도 매우 힘들다.

둘째는 "이 지극히 작은 내 형제들 가운데 하나에게 해 주었을 때마다 나에게 해 준 것"마태 25,40이다. '너는 그리스도'라는 말이다. 가장 미소한 사람이 바로 그리스도 자신이라는 선언이다. 예수님은 내가 그들에게 베푸는 것을 당신 자신에게 베푸는 것으로 받아들인다는 말씀이다. 생각지도 못한 복음적 선언이다.

셋째는 "내가 여러분을 사랑한 것처럼 여러분도 서로 사랑하시오."요한 13,34 '내가 예수'가 되라신다. 엄청나다. 예수의 사랑은 벗을 위해 자기 목숨을 버리는 큰 사랑이다. 예수께서 사랑하신 것과 같이 사랑하라신다. 무조건적인 아가페적 사랑이다. 봉사를 아가페적 사랑으로 하면 완전하다. 가능할까? 가능하니까 하라고 계명으로 주셨을 텐데⋯⋯.

봉사의 대상으로서 나의 이웃은 누구인가? 예수는 이웃이 누구인지를 묻지 말고 나를 필요로 하는 누구에게나 내가 이웃이 되어 주라고 하신다. 찾지 않으면 없다. 나를 필요로 하는 사람은 나의 가족과 몇몇 지인 외에는 없다. 그러나 찾으면 수도 없이 많다. 나를 필요로 하는 모든 사람과 자연이 모두 나의 이웃이다. 나의 봉사를 필요로 하는 나의 이웃이다.

평화를 생각하며
마태 5,9

 동서고금을 막론하고 만인이 추구하는 최상의 가치는 평화가 아닐까? 평화란 무엇일까? 사전적 의미는 떠오르지 않지만, 나는 내 나름의 체험으로 평화를 이해한다. 평화는 어떤 좋은 상황이 만들어졌을 때 그 자체로 따라오는, 아니! 이미 그곳에 그 상황과 함께 공존하는 '동반가치'가 아닐까? 어떤 단어나 문장을 구체적으로 떠올리면 이해가 쉽다. 엄마, 아기, 고향, 별님, 사랑, 행복 등 이런 단어는 생각만 해도 어떤 좋은 느낌이 있다.

 정다운 시골풍경, 눈부신 푸른 바다, 단풍에 물든 가을산, 기분 좋았던 여행, 하느님, 예수님, 성모님 등 이런 단어를 떠올리기만 해도 벌써 잔잔한 미소가 떠오르고, 편안해지고, 가슴 깊은 곳에서 희열이 솟아오르고, 기분 좋은 휴식 같은 느낌이 온 존재를 가득 채운다. 이 모든 것을 종합한, 가슴이 애잔하면서도 편안한 좋은 느낌을 한마디로 '평화'라고 말할 수 있지 않을까?

사랑하면 기쁨과 동시에 마음 가득 평화가 넘친다. 내 안에 가득 찰 뿐만 아니라 너와 나 사이에도 평화가 자리한다. 평화를 누릴 때, 거의 모든 사람은 동일한 느낌일 것이다. 너와 내가 느끼는 평화의 강도는 다를 수 있어도 평화라고 표현할 수 있는 느낌은 다른 것이 아니겠다. 평화는 사랑과 손잡고 온다. 엄마랑 같이 오고 아가랑 같이 오고, 좋은 기억과 함께 온다. 원수 같은 친구와 화해하며 눈물을 흘리는 너와 나의 자리에 평화는 이미 와 있지 않은가?

평화는 우리 마음 안에 어떤 '샘'처럼 이미 완벽하게 존재하고 있지 않을까? 언제든지 그런 상황이나 그 비슷한 상황이 되면 자신이 의식하기도 전에 이미 평화를 누리고 있게 된다. 그것이 무엇이든 간에 그 '샘'이 건드려지기만 하면 평화는 안개가 피어오르듯이 살아 움직인다. 특정 단어 하나만 기억나도 자연스럽게 내 마음은 평화로 가득 찬다. 내 마음에 자리 잡은 '평화의 샘'을 건드렸기 때문이다. 마치 파문같이! 연못에 물 한 방울이라도 떨어지면 파문이 널리 퍼지듯이 평화가 밀려온다.

평화는 일차적으로 '내 안의 샘'으로 이미 존재하고, 그 평화는 이웃과의 관계 안에서 성장하고 퍼져나가며 커진다. 서로 협력해서 평화를 이루어야 할 영역은 나로부터 시작해서 가족, 이웃, 사회, 세계로 퍼져가야 하지 않을까? 그 길로 가라고 예수께서 우리를 초대하셨고 평화를 주셨고 평화를 나누는 모범을 보이셨다. 나의 평화는 너, 이웃, 사회, 국가와 세계의 평화와 맞닿아 있으며 나의 밖이 평화로울 때, 나도 완성된 평화를 누릴 수 있게 된다. 이웃과의 관계를 평화로 만들지 않으면, 결국은 자신 안의 '평화의 샘'조차도 말라버릴 수 있다. 묘하다.

예수님은 평화의 왕이다. 부활 후 제자들에게 주신 첫 번째 선물도 평화였다. 제자들을 선교 파견하실 때도 어느 집에나 들어갈 때 평화를 빌어 주라고 하셨다. 주님께서 주신 이 평화는 이 세상의 그 어떤 것도 줄 수 없는 평화이고 아무도 빼앗지 못하는 평화다.

  그런데 뜻밖에도 평화의 왕 예수께서, 세상에 평화를 베풀러 온 줄로 여기지 말라고 하시며 오히려 칼을 던지러 왔다고 하신다.마태 10,34 분열을, 심지어 불을 지르러 왔다고도 하신다.루카 12,49 상상하기가 어렵다. 이유가 무엇일까? 사회의 불의와 불평등으로 평화가 파괴되어 있으면 그에 맞서 평화를 위해 싸우라는 말씀이 아닐까? 평화는 쟁취해서 누려야 할 상황이라면 칼도 필요하다. 칼, 불, 분열은 이미 깨진 평화를 다시 세우기 위해 필요한 수단들이다. 평화가 깨진 상태라면 싸워서라도 일구어 내야 한다. 그만큼 평화는 소중한 것이다.

  공동체적 평화는 거저 얻어지는 것이 아니다. 먼저 사회적 정의를 세워 평등이 이루어져야 하는 것이다. 정의를 실현하기 위해서는 간혹 피를 흘리기도 한다. 십자가가 그 증거다. 작게는 비폭력으로 맞섬이요 크게는 개혁이요 혁명이다. "행복하여라, 평화를 이루는 사람들! 평화를 위해 일하는 사람들! 그들은 하느님의 자녀라 불릴 것이다."마태 5,9 참조

평화로운 한반도를 위한 한국천주교회의 역할
루카 10,29-37

운전자가 백미러를 보는 이유는 앞으로 바르게 나가기 위해서다. 현 교회를 백미러로 바라보는 것도 올바로 앞으로 나아가기 위해서다. 현재 우리 가톨릭교회는 스승 예수님의 가르침을 올바로, 충실히 실현해 가고 있는가? 예수께서 흡족해하시는 교회의 모습인가? 아니면, 혹시 그 옛날 예수께서 질타하셨던 성직자 중심의 유대교와 흡사하지는 않은가?

미사 전례 중심의 신앙생활과 약간의 봉사활동으로 자족하고 있지는 않은가? 혹시 교회가, 이웃과 함께하는 사랑과 정의와 평화를 이룸에는 소극적이면서 물질이 최상의 가치가 되어 버린 이 사회의 축소판이 되어가는 것은 아닌지? 성직자들이 신자들 위에 군림하며 사회적 약자들과 당면한 사회문제를 외면하고 있지는 않은지? 이 시대의 예언자로서 역할은 제대로 하고 있는지?

 분단! 하나의 유기체가 두 동강이 나면 그 생명이 살아 있다고 한들 정상적이겠는가? 교회의 우선적 선택이 '가난하고 고통받는 사람들'이라면서 분단 아래 고통받는 이들을 70여 년이 넘도록 그대로 방치하는 것은 죽음으로 내모는 것이 아닌가? 한반도의 분단은 생명과 평화이신 하느님의 뜻에 거역하는 명백한 '악'이 아닌가?

 그렇다면 교회의 역할은 자명하다. 모든 가능한 수단과 방법을 동원해서라도 반드시 분단의 악을 극복하고 사랑과 정의, 평화와 자유가 강물처럼 흐르는 한반도를 이 땅 위에 세워야 한다. 그것이 후손들을 위한 우리의 책임이고, 그리스도인으로서 하느님나라를 이 땅 위에 세우는 일이다.

 예수님의 목소리가 들린다. "당신도 가서, 강도 맞은 사람, 우는 사람, 억울한 사람, 고통받는 사람, 당신의 도움이 필요한 사람들에게 이웃이 되어 주시오."루카 10,29-37 참조 명백한 악 앞에 침묵과 무관심은 악이다. 루마니아에서 태어난 유대계 미국인 엘리 위젤도 노벨평화상 수락 연설에서, "중립은 가해자에게만 이로울 뿐 희생자에게 아무런 도움도 되지 않으며, 침묵은 결국 괴롭히는 사람 편에 서는 것"이라고 말했다. 남북의 평화운동은 언제 시작해도 이른 감이 있을 테고, 어떤 방식으로 하든지 어려움이 있을 것이다. 그럼에도 넘어야만 할 산이라면 골짜기가 더 깊어지기 전에 넘어서야 하지 않겠는가?

많은 사람이 이구동성으로 이야기한다면, 그건 하느님의 뜻으로 받아들여도 좋을 것 같다. 일단 한반도의 평화 통일이 어렵다면, 남북의 평화와 공존 번영을 위하여 한국천주교회가 할 수 있는 구체적 역할은 무엇일까? 눈앞에 두어야 할 목표를 명확히 설정하고 그를 실현하기 위한 계획을 세워서 정치인들과 전 국민이 역량을 발휘하고, 한국천주교회가 크게 뒷받침하면 목표를 달성할 수 있지 않을까?

나의 꿈은 이렇다. 첫째, 거시적 목표는 한반도를 '영구적인 비무장 평화중립국'으로 뜻을 모으고 결정하는 것이다. 결정하면 국내외에 선언하고 국제적으로 인정받아야 한다. 스위스와 코스타리카가 모델이 될 수 있다. 지정학적으로 볼 때 한반도는 강대국의 패권유지를 위한 완충지대 역할에서 벗어날 수 없을 것 같다. 미국, 중국, 러시아, 일본이 우리의 사지를 붙잡고 각자 자기 쪽으로 끌어당기고 있는 형상이다. 정말 비참한 노릇이다. 그러나 위기는 동시에 기회다. 누구도 점령하지 못하는 중립국으로 우뚝 설 수 있는 절묘한 완충지대다.

우리의 선택은 강대국의 희생물이 되어 '영구적 분단'으로 남을 것인지, 아니면 '영구적인 비무장 평화중립국'으로서 남북이 번영하는 한반도를 이룰 것인지, 둘 중 하나다. 중간은 없다. 새는 동아줄에 묶여 있든 가느다란 실에 매여 있든, 자유로운 비상이 불가능하기는 마찬가지다.

한국교회는 우리나라를 영구적인 비무장 평화중립국으로 세우는 목표의 달성을 위해 전 국민에게 남북의 평화와 공동번영의 의식을 일깨우고, 정부가 온 힘을 기울여 외교적인 역할을 하도록 압박하고 촉구하는 자극제가 되어야 할 것이다. 더불어 국내외에 캠페인을 벌이는 것이다.

우선 한반도의 영구적인 비무장평화중립국의 필요성과 우리 국민의 평화 의지를 국제사회에 다각도로 알려야 한다. 북한을 고립시키고 분단을 고착화하는 미국정책의 문제점을 국제사회에 널리 알리고 양국간의 문제를 해결해야 한다. 한반도와 아시아 지역의 평화를 위한 국제적 연대가 이미 형성되어 있어서 참으로 다행이고, 더 나아가 국민을 결집, 행동으로 결실을 맺을 때까지 모든 종교, 단체가 연대해야 한다. 3대 종단다종단도 가능이 '한반도 평화를 위한 범종교 위원회'를 발족, 재야 여러 전문가들과 함께 평화와 통일을 위한 이론을 확립하고 방법을 연구하여 민중교육에 힘쓰며, 남북 평화번영의 실현을 이끌어 내는 것이 중요하겠다.

경제적 교류도 활성화해 개성공단은 물론, 더 많은 공단을 세우고 금강산 사업도 재개하면 그 자체가 평화번영을 위한 징검다리가 되리라 본다. 내친김에 개성공단에 성당도 건축하고, 더불어 평화염원을 담아 휴전선 순례를 본당별로 정례화하는 것은 어떨까? 매스컴을 활용

해 한반도의 평화를 주제로 영화나 영상물 제작, 연극공연, 통일학교와 순례강의, 글쓰기대회, 통일노래작곡 등 크고 작은 도움주기의 물밑작업도 계속하며, 기존의 민족화해위원회를 밑거름으로 활성화하면 좋겠다.

교회 어르신들의 역할이 크다. 남북 소통의 길에 선구자가 되면 좋겠다. 만나야 마주보고 이야기도 하고 오해도 풀고 정도 생기고, 그러다 보면 평화의 길도 보이지 않겠는가? 먼저 어른들이 길을 튼 후 적임자들이 오가고……. 70년 굳은 땅을 경작한다는 것이 어디 쉬운 일인가? 그러나 해야만 한다면 어떤 희생을 치르더라도 하는 것이 마땅하지 않는가? 우리의 문제는 결국 우리 자신이 주도적으로 해결해야 한다. 그 누구도 해결해 주지 않을 것이고, 해 줄 수도 없다. 한반도의 평화를 위한 한국천주교회의 몸짓이 전 국민의 평화 공동 번영 염원을 위한, 활화산의 불씨가 되는 꿈을 꾸어본다.

"너는 그들 앞에서 떨지 마라. 내가 너와 함께 있기 때문이다." 예레 1,17-19 참조

무의식의 강과 영원한 빛

　11월, 위령성월이다. 죽음에 대해 생각하란다. 삶의 목적은 하느님과의 일치! 인간의 현세적 삶은 끝이 있지만, 영혼은 하느님나라에서 영원히 산다고 교회는 가르친다. 지구상의 첫 인간부터 현재까지를 생각하면 각자 한생을 살다가 죽음을 건너간, 그 헤아릴 수 없이 많은 영혼은 도대체 어떤 양상으로 하느님과 일치해 영원히 존재하는 걸까? 궁금하다. 하느님, 하느님나라와 연관된 죽음을 나름 상상해 본다. 교회의 가르침을 넘어 나의 상상일 뿐이다.

나는 하느님을 이해할 때 이성으로는 '완전자유'로, 하느님을 쉽게 체험하는 것은 '아름다움'을 통한다. 그리고 그분의 현존은 '빛'으로 상상한다. 모든 빛의 원천! 어두움은 애초에 존재하지 않으며 빛의 한시적 부재일 뿐, 빛만이 영원히 존재한다. 하느님은 영원한 빛! 하느님과 일치된 영혼들은 빛으로서 하느님과 일치해 하나의 빛으로 존재한다고 상상한다.

빛은 하나이지만, 그 빛으로 존재하는 개개의 영혼은 하느님과 마찬가지로 현세와 연결되어 있다. 예를 들면, 나의 엄마는 현재 하느님 안에서 빛으로 존재하고 계시지만, 내가 '엄마!' 하고 부르면 나의 목소리를 아시는 나의 엄마는 언제라도 빛보다 빠른 속도로 나에게로 오신다. 오신다는 표현은, 늘 나와 함께 존재하시지만 나의 의식 속으로 모셔진다는 의미다. 나는 엄마의 말을 알아듣지 못하지만 엄마의 존재를 느끼고, 나의 엄마는 나의 말을 알아듣는다는 것을 느낀다. 엄마와의 대화가 끝나면 엄마는 다시 영원한 빛이신 하느님께로 되돌아가신다.

모든 사람은 죽음을 건너 하느님과 일치해 하나의 빛

으로 존재하지만, 각 사람이 생전에 그와 관계를 맺었던 사람들의 목소리의식의 소리를 기억하는 것이 현세와 내세의 연결점이라고 볼 수 있겠다. 그러므로 사람이 한생을 살면서 누구와 어떤 관계를 맺으며 살았는지는 매우 중요하다.

　임종 순간에 있는 사람들을 보면 극에서 극까지, 다양함을 볼 수 있다. 어떤 분은 평화롭게 잠자듯이 죽음을 건너 하느님께로 간다. 어떤 분은 죽음을 못 넘어가서 거친 숨결을 몰아쉬며 고통으로 괴로워하는 시간이 길다. 옆에서 보기에도 매우 딱하다. 임종하는 사람들을 보면, 삶과 죽음의 경계선에는 반드시 넘어야 할 어떤 장벽 같은 것이 있는 것 같다. 사람들이 말하는 '긴 터널?', '죽음의 강'이 아닐까?

　그 장벽이 강이라면, 어떤 사람에게는 그 강이 맑고 투명하여 아주 쉽게, 그 강 너머 두 팔을 벌리며 환영하고 계시는 하느님과 하늘나라 시민들에게로 간다. 마치 죽음의 강 위로 날아가는 것 같이 쉽게 죽음을 통과한다. 어떤 사람은 그 강을 건너지 못하고 용을 쓴다. 그 강이 너무나 넓고 깊고, 거친 물결까지 치는 것인지? 회한, 창피, 두려움, 혹은 공포 때문인지, 강을 건너지도 못하고, 도움을 청할 사람을 부를 엄두조차 내지 못하고, 강 건너 두 팔 벌리고 애타게 기다리시는 하느님을 보지도 못한다. 그 강을 건너야만 아름다운 빛의 하느님나라로 들어갈 텐데…….

매일, 두 세계에서 사는 나! 의식이 지배하는 낮과 무의식이 지배하는 밤의 세계! 사람이라면 누구나 건널 수밖에 없는 그 '죽음의 강'은 혹시, 살아오면서 나 자신이 만든 나의 일생이라는 강이 아닐까? 내 존재의 95퍼센트나 차지하는 나의 '무의식'의 세계가 아닐까? 살면서 쌓이고 없어지고 또다시 쌓이면서 일생에 걸쳐 만들어지는 나의 '무의식의 강!'일 것 같다. 이렇게 생각하면 죽음의 열쇠는 삶이다. 아니! 삶과 죽음과 하느님나라는 서로 연결된 하나다. 나는 나의 무의식의 강에 무엇을, 어떻게 쌓으며 살고 있는지…….

갈라디아서 5장 19-21절에서는 '육의 행실'에 대해서 구체적으로 말한다. 음행, 부정, 방탕, 우상숭배, 마술, 원한, 싸움, 시새움, 분노, 모략, 불목, 분열, 질투, 술주정, 폭음, 폭식, 그 밖에 이와 비슷한 것. 폭력, 비방, 거짓, 사기, 살인, 내가 남에게서 받고 싶지 않은 것들.토빗 4,15 내가 남에게 해서는 안 될 것들…….

반면에 같은 장 22-23절에서는 '영의 열매'를 말한다. 사랑, 기쁨, 평화, 인내, 친절, 착함, 신용, 온유, 절제. 이와 유사한 것들. 정의, 신의, 용서, 관대, 자비, 도움, 나눔, 따뜻한 말, 내가 남에게서 받고 싶은 것들.마태 7,12 내가 남에게 해 주어야 할 것들…….

어떻게 살 것인가? 살아가면서 쌓이고 깊어지고 만들어지는 나의 무의식의 세계. 누구도 절대로 피할 수 없는, 생의 마지막에 건너야만 할 죽음의 강, 나의 무의식의 강! 영원한 빛이신 하느님과 하나가 되어 존재할 수 있도록 마음을 다잡아본다. 갈라디아서 6장 7절은 말한다. "사람은 자기가 씨 뿌린 것을 거두는 법이다."

사제는 무엇으로 사는가?

에제 34장; 말라 2,5-7; 요한 13,16; 마태 10,6-8

송구스럽다. 나 자신도 수도자의 신분에 걸맞게 살지 못하는 주제에 사제에 대해 운운한다는 것이 가당키나 한 일인가? 글이 써지지 않는다. 땀이 난다. 용기를 내자.

나는 한 개인이 사제가 되기 위해 어떤 교육과 수련을 쌓는지 모른다. 대신학교에 입학해서 일정 기간 공부와 수련을 쌓으며 성소에 충실하고, '사제로서 합당하다'는 판단을 받으면 사제로 성품될 것이라고 짐작만 한다. 물론 그 모든 과정에 하느님의 손길이 있음을 확신한다.

사제는 무엇으로 사는가? 사제는 일반 신도들과 다른

특별한 신분인가? 일단 나는 사제 신분의 어떤 점이 일반 신도와 다른지 잘 모르겠다. 하느님을 믿고, 하느님 안에서 일생을 살며, 예수의 가르침을 따라 이 시대의 사제직, 왕직과 예언직의 수행자라는 점에서는 사제와 세례성사를 받은 일반 신도는 다를 바 없다.

누구나 '예수를 주님이시라 입으로 고백하고 하느님께서 예수를 죽은 자들 가운데서 다시 살리셨다는 것을 믿는 사람들은 하느님과 올바른 관계'로마 10,9 참조에 놓이게 되고, '선택된 민족, 왕의 사제들, 거룩한 겨레, 하느님의 소유가 된 백성, 하느님의 자녀가 되어 하느님의 자비를 받고 구원받은 자'1베드 2,9-10 참조들이 된다는 말씀을 나는 굳게 믿고 있다. 일반 신도도 하느님께 봉헌된 사람으로서 일생 동안, 맡은 바 직책 수행을 위하여 목숨을 다하는 이 시대의 '작은 예수'가 되어야 한다는 점도 사제들과 본질적으로는 다르지 않다.

구약의 에제키엘서 34장을 보면 좋은 목자와 악한 목자가 있다. 하느님께서는 폭력과 강압으로 다스리는 악한 목자들에게서, 맡겼던 당신의 양들을 구해 직접 보살

피겠다고 선언하신다. 하느님께서는 "잃어버린 양은 찾아내고 흩어진 양은 도로 데려오며, 부러진 양은 싸매 주고 아픈 것은 원기를 북돋아 주겠다. 그러나 기름지고 힘센 양은 없애 버리겠다. 나는 이렇게 공정으로 양떼를 먹이겠다"에제 34,16고 약속하신다.

 사제는 어떤 신분의 소유자일까? 사제의 신분은 지금 이 자리에서 삶으로 그의 신분의 특성을 증명해 가야 하는 순례자이며, 더불어 '참된 순례자'임을 하느님과 사람들에게 끊임없이 인정받아야 하는 신분이라고나 할까? 사제의 신분은 성품성사 받는 것을 출발점으로 매 순간 그 신분의 특성을 삶으로 인정받아야 하는, 어렵고 힘든 신분이다. 그래서 사제는 늘 긴장하고 깨어 있어야 하며, 하느님께 물어야 한다. "제가 당신의 참된 제자로서 합당한 삶을 살고 있습니까?" 매일 매 순간 자신을 하느님으로 충전해야 하는 신분이다. 예수님같이!

 사제는 이렇게 쉽지 않은 삶을 살아가기로 결정하고, 자발적으로 하느님께 서약한 것을 교회가 인정한 공인들이다. 그래서 일반 신도는 그 어려운 길을 걷는 사제를 고마운 마음으로 축복해 주고, 오로지 그 길로만 정진하기를 바라는 마음으로 생활에 필요한 모든 것을 뒷받침해 준다. '이 시대의 작은 예수가 되어 주십사' 하고. 사랑과 정의가 강물처럼 흐르는 평화의 하느님나라를 이 땅에 건설하는 이 시대의 작은 예수!

예수의 공생활 첫 출발은 하느님나라의 선포였다. 그분은 이 땅 위에 평화의 하느님나라를 세우고자 목숨까지 바치신 분이다. 그분은 가난과 질병과 사탄의 악을 퇴치하시며, 부정부패를 일삼는 기득권자들을 질타하시고, 그들에게 착취당하는 약자들을 찾아 이 마을 저 고을로 찾아다니시며 그들 한가운데에서 복음을 선포하고 위로를 주셨던, 길 위의 해방자시다. 하느님께 받은 소명과 사명의 길을 꿋꿋이 걸어가시며 십자가의 죽음으로 사명을 다 마치신 예수께 대한 하느님의 보답은 부활, 영원한 생명, 하느님 자신이었다.

예수가 이 시대의 작은 예수인 사제들의 신분이요, 예수의 삶이 사제들의 운명이라고 말하고 싶다.

사제의 일용할 양식은 무엇인가? 나의 양식은, "나를 보내신 분의 뜻을 행하며 그분의 일을 다 이루는 것"요한 4,34이라는 예수 그리스도가 사제들의 양식이다. 풀어 말하면 하느님나라를 건설하기 위하여 일생을 바친 사람, 모든 이의 종으로서 목숨까지 내어 주신 좋은 목자, 제자들의 발을 씻겨 주며 모범을 손수 보여 주신 예수 그리스도가 사제들의 양식이다.

사제가 받은 바 사명을 충실히 행하는 일꾼일 때, 하느님께서는 당신이 기뻐하시는 대리자임을 인정하실 것이고, 신자들이 그를 참된 목자로 인정할 때, 그는 비로소 하느님 백성의 좋은 목자, 사제가 되어가는 것이다. 일반 신도와는 구별이 되는 성직자가 되어가는 것이다.

하느님께서는 당신의 백성을 돌볼 일꾼으로 뽑은 사제들을 당신의 참된 목자로 인정할 수도 있지만, 반면에 내칠 수도 있다. 맡긴 양떼를 다시 거두어 가신다는 말의 의미다. 사제가 하느님께로부터 받은 사명, 이 시대의 작은 예수됨을 잘 수행한다면 마지막 날, 하느님 자신이 몫

으로 주어질 것이다. 민수 18,20 참조

　사제들은 무엇으로 사는가? 예수 그리스도로 산다. 사제들은 예수를 먹고 사는 사람들이다. 예수를 먹고 예수화되어 하느님의 일꾼 역할을 수행해야 하는 사람들이다.

　사제는 예수 그리스도와 한 몸인 그림자와 같은 신분의 사람이다. 결코 예수 앞에 서면 안 되는 신분이다. 머리조차 둘 곳 없이 살던 스승님이 말씀하셨다. "제자가 스승보다 높지 않고 종이 제 주인보다 높지 않습니다." 마태 10,24 베드로가 예수의 수난 예언을 듣고 안 된다고 막았을 때 예수께서는 단호하게 내치신다. "내 뒤로 물러가라, 사탄아! 너는 나에게 걸림돌이다." 마태 16,23 역설적이게도 사제가 예수 뒤에 섰을 때만 빛이 난다.

수도자로서 산다는 의미는?
필리 2,1-5

 남녀 수도자는 어떤 사람들인가? 많은 답이 나올 것 같다. 나는 하느님의 뜻을 이루어가는 예수의 제자로서의 삶을 치열하게 살겠다고 공적으로 서원한 사람들이라고 생각한다. 이 시대에 예수와 같이 '행동과 말씀에 힘이 넘친 예언자'루카 24,19가 되어야 하는 사람들이다. 나는 이것이 남녀 수도자들의 신원이라고 생각한다. 이 시대에 행동과 말씀에 힘이 넘치는 예언자!

 예수께서 물으신다. "무슨 이야기입니까?"루카 24,17 또 물으신다. "무슨 일입니까?"루카 24,19 그분은 우리가 하는 이야기, 우리가 처한 상황을 궁금해 하시고, 우리와 함께 나누고 싶어 하신다. 당신도 알고 사건의 해석과 해결에 도움을 주고 싶어 하신다. 지금도 너와 나를 통해 당신의 구원역사를 실현하고자 하신다.

오늘 우리의 현실은 희망과 절망이 용트림한다. 각자의 꿈과 희망이 끝없이 밀려오는 악조건으로 하루에도 열두 번씩 요동친다. 급변이 정상이 된 시대다. 매일의 기후조차도 예측을 불허하고, 경쟁사회 안에서 권력과 돈, 안전과 만족을 위한 물질적 탐욕, 자아 성취의 탐욕이 지배하는 세상. 5퍼센트가 95퍼센트를 지배하는 세상이다.

빈곤은 천의 얼굴을 가졌다고 한다. 경제적으로 중하층의 서민은 가난 속에서 실업, 비정규직, 자살과 이혼문제 등에 시달리며 고통받고 있다. 젊은이들은 학문의 전당이 기업화되면서 등록금이 치솟아 허덕이고, 결혼 후 육아와 교육문제로 고생하는 맞벌이 부부의 모습을 보며 결혼을 기피한다. 또 가정에서 따뜻한 부모의 사랑을 받지 못한 채 무방비로 내버려진 청소년들은 범법행위에 노출되어 있다. 특히 청소년과 젊은이들은 홍수같이 밀려오는 정보와 인공지능 시대에 적응하지 못하면 설 자리가 없어진다.

도덕성의 부재로 여성들은 물론, 아이들조차도 폭행과 성추행에 노출되어 있고, 쪽방동네에 사시는 노인과 노령화문제, 노숙자, 장애자 등 복지문제도 심각하다. 정치계와 법조계가 기업계와 유착해 각종 비리를 양산하고 경제적 빈부격차는 갈수록 벌어지고 있다. 4대강도 죽어 있고 생태문제로 자연도 몸부림친다. 원자력발전소에 따른 위험과 후대가 치러야 할 희생도 어마어마하다.

국제적으로는 약육강식의 법칙이 무섭다. 강대국들의 담합 아래, 약소국가는 먹이사슬의 희생양이 된다. 세계가 한 가족인 이 시대에도 고립되면 국가 자체의 존립이 위태롭게 된다. 대략 큰 문제만 짚었는데도 나열하려면 끝이 없다.

이렇게 서민들은 불안전한 생활에 고통을 받는데, 수도원은 세상으로부터 독립된 안전한 방주인가? 수도자는 무엇을 고민하며 어떻게 살아야 할까? 사도 바오로는 "각자 자기 일만을 돌보지 말고, 서로 남의 일도 돌보아 주라"필리 2,4고 하시는데…….

수도자는 시대에 맞추어 스승의 마음과 뜻을 읽어야

한다. 그러므로 더더욱 예수 그리스도께로 돌아가야 한다. 하느님의 뜻과 원하시는 것이 무엇인지를 늘 기도하며 찾아야 한다. 하느님은 예수 그리스도를 통해 침묵으로, 가르침으로, 명령으로, 애원으로, 때로는 호통으로 자신을 표현하신다. 때로는 저주에 가까운 폭언과 때로는 눈물로……. 그분은 자연현상으로, 역사 속의 사건으로 우리와 함께 살아계시며 오늘도 당신의 뜻을 명확히 드러내신다. 우리 눈이 어두울 뿐! 오늘도 수도 공동체와 개개인에게 계속해서 당신을 계시하고 계신다.

일하지 않으면 먹지도 말라고 했다. 세상 사람이면 누구나 다 일하며 산다. 수도자도 마찬가지다. 그런데 수도자가 하는 일은 어디서 무엇을 하든, 하느님의 뜻을 실천하며 복음정신으로 하는 것이기 때문에 사도직이라고 한다. 사실 기도와 일은 동전의 양면이다. 일활동은 다름 아닌 기도의 연장이며, 일은 볼 수 있는 기도이자 기도의 표출이고 기도가 열매를 맺는 것이다. 그런 의미에서 일반 경제적 활동으로서의 일과 구분해서 사도직이라고 하는 것일 게다.

기도하고 일하는 수도생활은 복음적 삶을 살아가는 것이다. 복음적인 삶은 보통 청빈, 정결과 순명이라고 말한다. 청빈, 정결과 순명은 수도자만의 전유물이겠는가? 일반인들도 다 청빈하게 살려고 노력하고, 결혼한 사람들도 서로 정결을 지켜야만 하고, 서로가 서로에게, 웃어르신께, 상사와 손아랫사람에게 순명하며 살아간다.

그럼에도 수도자가 소명의식과 사명의식이 확실하며, 오늘도 그 사도직의 길을 당당히 걸어가고 있다면, 이런 사람은 행복한 수도자. 이런 수도자가 바로 이 시대의 또 하나의 작은 예수이며, 이 세상에 하느님나라를 건설하는 사도들이라고 할 수 있다.

"이 세상을 본뜨지 말고 정신을 다시 새롭게 하여 여러분의 모습을 바꾸시오. 그리하여 여러분은 무엇이 하느님의 뜻인지, 무엇이 선하고 맞갖고 완전한 것인지를 분간할 수 있도록 하시오."로마 12,2 그분이 걸어가신 길이다. 예수님은 행동하는 수도자를 찾으신다.

"사람의 아들이 올 때에 이 세상에서 믿음을 찾아볼 수 있겠느냐?"루카 18,8

에필로그
내 삶이 그분을 향한 노래가 되길

나는 자유인이다. 칠순의 나이를 넘어서니 많은 면이 자유로워서 좋다. 주님께서 나의 보물이 있는 곳에 나의 마음도 있다고 하셨는데, 나의 보물은 무엇일까? 생각해 보니 잃을 것 없는 자유와 당당함이 나의 보물이 아닐까 싶다. 내 생각을 자유롭게 표현할 수 있다는 것은 소중한 보물이다. 내 생각이 틀렸다면 인정하고 고치면 되지 않겠는가 하는 생각으로 용기내 글을 썼다.

나는 하느님의 사랑받는 딸, 예수 그리스도의 제자이고, 성령께서 거처하시는 궁전이기 때문에 자부심이 있고 자존감도 크다. 나는 하느님의 본성을 지니고 그리스도의 삶을 따라가면서 하느님나라를 조금씩이나마 건설하며 살아가는 행복한 수녀다. 게다가 기도하며 일하라는 사부 성 베네딕토의 제자임이 자랑스럽기까지 하다. 믿음은 내 삶의 전부다. 이 믿음을 삶으로 표현하며 예수님을 닮아가려는 나는 언젠가는 하느님과 온전히 일치해 영원한 생명과 자유를 누리게 되리라 희망한다.

맡은 소임으로 이래저래 강의할 기회가 많았다. 어느 날 강의를 끝내고 돌아와 되새김질할 때 깨달았다. 많은 책을 보고 강의를 들으면서 좋다고 생각되는 이 말, 저 말들을 추려서 짜깁기해 내 것인 양 강의하는, 앵무새 같은 나를 보았다. 나는 지적 도둑이요, 남의 것을 도용하는 사기꾼이었다.

충격이었다. 내 생각과 내 말이 아니라 남의 생각을 내 것으로 만들어서 내 것인 양 사용하고 있었다. 자괴감이 밀려왔다. 다시는 앵무새가 되지 않으리라 결심했고, 독서광이었던 나는 그 후로 오랫동안 책들을 거의 보지 않았다. 반대급부로 성서를 읽을 시간이 많아졌고, 묵상에 묵상을 거듭하며 특유의 비판의식이 가동되기도 했다.

예수님을 이해하는 길은 여러 가지다. 성서를 읽으면

서 중요하게 생각되는 부분은 밑줄을 친다. 어느 날 다시 보면 줄 치지 않은 부분이 더 크게 다가오기도 한다. 무엇 때문일까? 예수님을 어떻게 이해하는지에 따라서 신앙생활의 양식도 달라질 텐데……. 교회의 가르침은 의심 없이 받아들인다. 허나 때에 따라 전통적인 이해를 넘어, 뒤집어 생각해 보기를 시도했다. 묵상 중에 떠오르는 예수님 말씀의 의미를 나름대로 음미하는 즐거움도 컸다. 못 보았던 예수님의 새로운 면을 보면서 즐거웠고, 지금도 예수께 대한 평면적인 앎에서 입체적인 앎으로 나가고 있다.

친구들이나 강의를 들은 사람들이 책을 쓰라고 자주 권유했다. 내가 만난 예수를 불특정 다수와 나눔으로써, 누군가가 예수님을 좀 더 폭넓게 이해한다면 그 또한 좋은 일이 아니겠는가? 아니! 제자로서의 사명이라고!

오랫동안 주저했는데 어느 날 나의 묵상을 나누는 것이 사명처럼 다가와서 용기를 냈다. 노래 잘 부르는 사람만 노래 불러야 하는가? 음치도 소리 높여 노래 부르고 싶을 때가 있다. 듣기가 거북하다고 노래 부르고 싶은 음치의 자유까지 막을 수는 없잖은가? 나도 음악을 사랑하고 어떤 때는 마음의 세레나데를 맘껏 부르고 싶다. 남이야 어떻든, 내 마음이 움직이는 대로 소리쳐 노래 부르고 싶은 때가 있는 것이다.

근데 언어가 문제였다. 아람어는 물론 희랍어, 라틴어 등 외국어는 완전 무지이고 영어도 무지에 가깝다. 긴 세월 우리말 성서만 읽고 묵상했는데, 나의 묵상을 나누려니까 저명한 신학자들이 떠올라서 용기가 나지 않았다. 그럼에도 마음속 깊은 곳에서는 마치 사명인 양 다그친다. '나누라!'고. 목소리가 좋지 않아도 나만의 노래를 부를 수 있다고, 노래 부르라고! 긴 세월의 소심함을 떨치고 성령께서 직접 인도해 주십사 기도하면서, 나만의 노래를 불렀다. 예수님께서 함께하셨음을 믿는다.

오랫동안 해왔던 영성강의와 기고문을 참조하며 묵상을 정리했다. 기억에 남아 있는, 그동안 보고 듣고 배웠던 많은 이의 주장도 포함되었으리라 여겨진다. 신학공부가 부족해서 상상을 많이 한 것 같다. 논리적인 신학적 이론은 분량이 적고 나만의 신앙체험과 묵상, 때로는 상상했던 것들의 모음집이다. 일단 선택적으로 읽어도 좋다. 검증받고 싶다. 질책도 고맙게 받아들이련다.

이 책이 나오기까지 직접 도움을 주신 소성화 요셉님과 모든 면에서 수고해 주신 우리신학연구소 직원 모두와 물심양면으로 도움을 주신 정호성 토마스 아퀴나스 형제님께 감사의 마음을 전한다. 기도와 성원으로 도움을 주신 서울 베네딕도회 수녀들, 한결같은 수도여고 샛별친구들께 감사드린다. 그리고 제주도 강정과 대한문, 광화문에서 만난 평화지킴이들도 빼놓을 수 없다. 마지막으로 최근 유명을 달리한 친구 권영숙 피엘 수녀와 이성숙 교수, 이분매 베난시아 수녀와 유정복 루시아님, 그리고 서강대 가톨릭학생회의 토마인들, 현우석 신부와 류달현 신부, 기쁨을 나누는 일요청년공동체와 빠스카 친구들, 기천리에서 인연 맺은 샛별님들께도 감사드린다. 그리고 나와 인연을 맺었던 모든 이에게도 깊이 감사드리며 감히 이 책을 드리고 싶다.

"주님, 홀로 모든 영광 받으소서!"

그분을 향한 별의 노래

교회 인가	2020년 12월 23일
초판 1쇄 발행	2020년 11월 15일
초판 2쇄 발행	2023년 12월 10일

글쓴이	소희숙
펴낸이	김원호
편집	김지환
표지·삽화	김채림
펴낸곳	(사)우리신학연구소
등 록	2006년 9월 29일(제2016-000337호)
주 소	서울특별시 마포구 마포대로4가길 56, 102동 202호(마포동, 오성드림빌)
전 화	02) 2672-8342~4, Fax: 02) 2672-6945
이메일	woorith@gmail.com
인 쇄	반석피앤비
ISBN	979-11-971732-1-9 03230

|함께꿈은 '맑은 생각, 깊은 울림'을 지향하는
우리신학연구소의 출판브랜드입니다.
이 책을 읽는 모든 분이 행복하시기 바랍니다.